OP 'T DUI]

Op 't duin

100 duingedichten en 100 duingezichten

Onder redactie van Nicolaas Matsier, Helmi Goudswaard en Boudewijn Bakker

UITGEVERIJ THOTH · BUSSUM

Deze uitgave is mede tot stand gekomen met financiële steun van:

Haags Historisch Museum

Stichting Charema, Fonds voor Geschiedenis en Kunst

Stichting Pieter Haverkorn van Rijsewijk

Stichting De Gijselaar-Hintzenfonds

Deze publicatie verschijnt tegelijk met de tentoonstelling
Op 't duin – Duingezichten en duingedichten in het Haags Historisch Museum, Den Haag
van 7 april t/m 15 september.

Afbeelding op frontispice: Gustave De Smet, *Landschap bij Bergen*, 1916,
olieverf op paneel, 47,4 × 45,4 cm

WWW.THOTH.NL

Grafische vormgeving: Joost van de Woestijne, Utrecht
Lithografie: Bert van der Horst, BFC, Amersfoort
Drukkerij: Wilco, Amersfoort

ISBN 978 90 6868 666 1

Ten geleide

ONDER de titel *Op 't duin* is voor de eerste maal in Nederland een fraaie bloemlezing van honderd duingedichten samengesteld. Daarbij is er voor gekozen de gedichten niet voor zichzelf te laten spreken, maar ook honderd duingezichten te selecteren.

Het is moeilijk voor te stellen dat dit Nederlandse en Vlaamse landschap, dat voor zovelen door de eeuwen heen tot de verbeelding sprak en verleidde tot het hanteren van het potlood, het penseel of de schrijfpen, nu pas in een bloemlezing wordt geboekstaafd. Zeker wanneer men beseft dat de duinen in onze tijd worden gezien als een favoriete plek om de stad de rug toe te keren en op te gaan in de elementen en even te 'onthaasten'.

Helmi Goudswaard, Nicolaas Matsier en Boudewijn Bakker zijn de initiatiefnemers van dit project en stelden het voorliggende boek samen. Zij hadden niet veel overtuigingskracht nodig om het Haags Historisch Museum te verleiden om samen met hen parallel aan het boek ook een tentoonstelling te maken. Waar anders, zou ik bijna zeggen, dan in het stadsmuseum van die mooie stad achter de duinen.

De tentoonstelling in het Haags Historisch Museum, die bijna dezelfde titel draagt, is een samenwerkingsproject met het Letterkundig Museum. Mede namens de directeur van het Letterkundig Museum dank ik de samenstellers hartelijk voor hun prachtige initiatief. Wij hopen dat dit fraaie boek de vele liefhebbers van onze duinen zal inspireren om tijdens hun duinwandelingen met andere ogen naar deze 'Hollandse wildernis' te kijken.

Marco van Baalen
Directeur Haags Historisch Museum

Over dit boek

MIJN KINDERKAMER keek uit op het duin. Sinds mijn schooljaren heb ik talloze malen lange paden door de duinen befietst. Het groenpalet, de dansende zilveren blaadjes van de abelen, de sterhyacintjes in februari, de nachtegalen in mei, de blauwe zeedistels en de gele lampjes van de teunisbloemen in de zomeravond, de frisheid, het verre zicht, en ook de cadans van het opgaan en dalen deden mij steeds verrukt doortrappen.

Jaren geleden alweer, toen wij van een duintocht met een gezelschap uitrustten aan de vroegere stamtafel van de 'prins der dichters' Adriaan Roland Holst te Bergen, opperde een van ons, de schrijver Nicolaas Matsier, het idee om eens te gaan bloemlezen in de duinpoëzie. Ik was meteen van de partij.

De duinen langs de Nederlandse en Vlaamse kust zijn vele eeuwen oud maar in hun huidige vorm – geologisch bekeken – weer verrassend jong. De 'nieuwe' duinen zijn pas na het begin van onze jaartelling ontstaan. Deze nieuwkomers, de 'Hollandse bergen' zijn ten hoogste vijftig meter en bedekken vrijwel overal de oude duinen. Ze zijn een ongewone verschijning in het Nederlandse landschap en mogelijk mede om die reden het thema en het decor geworden van veel poëzie. Even opmerkelijk is deze 'kloekgeklonken band om 't zachter land' (Augusta Peaux) nog niet eerder het onderwerp geweest van een bloemlezing. Terwijl het toch een uniek landschap betreft: 'Hollandse wildernis', deels in cultuur gebracht, ogenschijnlijk dor maar ook afwisselend en rijk aan schoonheid. Een landschap dat door zee, zand en wind verandert, verstuift, afkalft en weer groeit.

Al bloemlezend vroegen wij ons af hoe het beeld van het duin in de loop van de eeuwen vorm kreeg in de zang van poëten. De blik van de dichter blijkt namelijk rijk en veelkantig en aan verandering onderhevig. Deze blik beïnvloedt ons als kijker: het landschap is evenzeer een fysiek gegeven als een product van verbeelding. Zo zagen wij telkens een nieuw duin.

Tijdens deze zoektocht naar poëzie raakten wij ook aan het grasduinen in de beeldende kunst. Ook talrijke schilders en tekenaars hebben zich immers een voorstelling van het duin gemaakt. Op zeker moment kwam kunsthistoricus Boudewijn Bakker op ons pad en vulde onze inmiddels ongeveer vierhonderdvijftig gedichten aan met een schat aan afbeeldingen van duinschilderijen, -tekeningen en prenten.

Voor dit boek deden wij een gulle greep uit de gevonden duingedichten en duingezichten, en groepeerden ze in rubrieken, die meanderend in elkaar overgaan en elkaar soms ook tegenspreken. Zo wordt de lezer spelenderwijs ingewijd in de geheimen van deze duinwandeling door verschillende tijden. Thema's zijn onder andere: de wijde blik, duinpan en klimduin, vaderland, het duin benut als zeewering en cultuurgrond, flora en fauna, wandelen en sport, elementen, uren en seizoenen, wonen en bouwsels, aantasting van het duin, duin als verloren kinderparadijs, geboorte, Eros en Thanatos, religie.

De kern van het boek bestaat uit duingedichten en duingezichten. Eraan vooraf gaat een inleidend essay van Nicolaas Matsier over duinpoëzie, waarin hij aangeeft dat beeldende kunst en dichtkunst in de loop van de tijd niet steeds gelijke tred hielden. Bij de beeldende kunst zijn de voorafgaande eeuwen ruim vertegenwoordigd, terwijl bij de poëzie de nadruk ligt op de periode vanaf de late negentiende eeuw, wanneer het duin niet zelden een spiegel van de ziel van de dichter wordt.

Dat wil niet zeggen dat het duin als thema geheel afwezig was in de dichtkunst van de zeventiende en achttiende eeuw. De vorm waarin dat gebeurde wijkt echter dusdanig af van de duinpoëzie van de laatste anderhalve eeuw dat het lastig bleek om die zo diverse uitingen onder dezelfde noemers te presenteren.

Het boek wordt daarom afgesloten door een essay van Boudewijn Bakker, waarin de Hollandse beeldende kunst centraal staat, maar waarin hij ook de bovengenoemde discrepantie nader onder de loep neemt.

Bernlef dichtte: 'Duinen verschuiven, hun gewassen kleuren / lossen op in de ochtendzon/ het stuifzand aan hun voet / verlegt steeds weer zijn grenzen…'

Het duin verandert, de stem en de blik van de dichter en de schilder veranderen en ook de lezer van deze bloemlezing krijgt wellicht steeds een nieuw zicht en ook een nieuwe kijk op het duin.

Namens de redactie, Helmi Goudswaard

Inhoud

Tijd en eeuwigheid

'Eenvoudig, de duinen, eenvoudig'

I. SCHILDERS, WANDELAARS, DICHTERS

HET kortst denkbare duingedicht moet dit zijn: 'Eenvoudig, de duinen, eenvoudig.' Het heeft geen titel en bestaat uit vier woorden, twee komma's en één punt. Het staat in de bundel *Het zinrijk* uit 1971 van Chr. J. van Geel. Zo kun je de duinen zien – tenminste als je kunt kijken en dichten zoals Van Geel. Met zijn eenregelige gedicht bedoelde hij zeker niet dat er maar weinig te zien was of dat er niet zoveel over te zeggen of te denken viel.

Van Geel had de buitenkans in de duinen te wonen, een groot deel van zijn leven, eerst in Groet, ten slotte in 't Vogelwater, Castricum. Dichters en duinen, hoe lang hebben dit landschap en de poëzie al in elkaars gezelschap verkeerd? In hoeverre stond iemand als Van Geel in een al wat oudere traditie? Dat kun je je afvragen.

Op tekeningen en schilderijen uit de zestiende en de zeventiende eeuw zie je al wel beeldende kunstenaars die in het duinlandschap aan het werk zijn. Het zijn de duinen bij Haarlem waar de tekenaars zich het eerst beginnen te interesseren voor dit bijzondere landschap.

De samenstellers van de gedichtenbloemlezing konden zich niet aan de indruk onttrekken dat de beeldende kunst, waar het de ontvankelijkheid voor de duinen betreft, voorop heeft gelopen, maar liefst een paar eeuwen. De meer literaire gevoelswereld, rond die voor ons zo welbekende activiteit van het wandelen-in-de-duinen, lijkt ons van aanzienlijk recenter datum. Die krijgt op zijn vroegst rond 1800, maar in hoofdzaak tegen het eind van de negentiende eeuw, voor het eerst de ons vertrouwd geworden trekken.

Er ligt een grote afstand tussen enerzijds het natuurgevoel van de dichter Herman Gorter (in zijn *Mei*; in zijn *Verzen* van 1890; tot slot in zijn postuum verschenen *Liedjes*) en anderzijds de visie op de natuur van bijvoorbeeld Jacob Cats, de zeventiende-eeuwse bouwer van het naar hem genoemde huis dat het officiële onderkomen werd van Nederlands eerste ministers.

Wanneer Jacob Cats, raadpensionaris en bewoner van het door hem aan de duinen ontworstelde en in cultuur gebrachte Zorgvlied, over die duinen dicht, is dat allereerst in termen van contrast, en nog niet of nauwelijks in termen van de schoonheid die wij – wandelaars in zorgvuldig beschermde natuurgebieden – toch vooral in de duinen wensen aan te treffen. Waar het Cats om gaat, is dit: moet je zien wat een rijke tuin ik heb aangelegd op die arme grond.

Constantijn Huygens, dichter, secretaris en kunstadviseur van prins Frederik Hendrik, trad in 1653 aan als pleitbezorger en ook wel zo'n beetje als projectontwikkelaar van een nog aan te leggen geplaveide weg tussen Den Haag en Scheveningen. Dat was de eerste geplaveide weg in ons land buiten de steden, ten behoeve van de visvrouwen, te voet, mand op het hoofd; maar ook van Hagenaars die per koets een kijkje in Scheveningen wilden nemen.

Het plan kreeg geen bijval en werd pas twaalf jaar later, in 1665, nu driehonderdvijftig jaar geleden, uitgevoerd. In zijn gedicht *Zee-straet* van 1667 blikt Huygens nog eens terug. Ons treffen het congé dat de nog volop stuivende duinen en het mulle pad hiermee krijgen. De kaarsrechte Zeestraat en het verlengde ervan, de Scheveningseweg, gingen het stuiven en de mulheid immers succesvol tegen, ten faveure van het al genoemde verkeer te voet en per rijtuig. En juist dit stuiven is het dat door de huidige natuurbeschermers en aanleggers van nieuwe natuur eensgezind herkend wordt als de – inmiddels min of meer definitief bedwongen – oereigenschap van de duinen, om niet te zeggen hun bouwprincipe.

Natuurlijk is die aanleg van de Zeestraat, waarvan in 2015 het kroonjaar wordt gevierd in het Scheveningse Muzee, een historische stap geweest in het openleggen en het toegankelijker maken, misschien zelfs het moderniseren van de duinen. Want al die paden, en dan vooral de verharde, waaraan wij al wandelend en joggend en fietsend misschien geen enkele gedachte wijden, maar die het ons mogelijk maken goed om ons heen te kijken, zijn meestal niet veel ouder dan een halve, hooguit een hele eeuw.

Literair gesproken staat de dichter-duinbewoner die Van Geel was in een traditie van pas een paar generaties. Albert Verwey betrok in 1890 het huis in de Noordwijkse duinen waar hij levenslang bleef wonen. Herman Gorter, een andere Tachtiger, had de beschikking over een vast logeeradres in het Noord-Hollandse duindorp Bergen, van waaruit ook hij veel 'buiten' kon zijn, zowel in het echt als in zijn daarvan doordrongen poëzie. Het zijn de nieuwe tramverbindingen geweest (achtereenvolgens paarden-, stoom- en elektrische) die het vooral voor de artistieke happy few mogelijk maakten om permanent bij of in de duinen te gaan wonen. De villa's en de villaatjes verrezen. Naar hun vorm waren het vaak een soort kleine boerderijtjes waarin nogal wat kunstenaars en schrijvers vanaf circa 1900 hun intrek namen. Ook latere generaties – van

Adriaan Roland Holst via Lucebert en de al genoemde Van Geel tot Elly de Waard en Hans Tentije – hebben gewoond en gewerkt in of vlak bij de duinen.

II. DEZELFDE DUINEN?

Met het beeld van de duinen als een natuurlijke constante is het in tweeërlei opzicht oppassen. In de eerste plaats vormen de duinen geen min of meer buiten de geschiedenis staand, oud of onaangetast landschap. De huidige duinen, zeggen de geologen en de natuurhistorici, zijn grofweg niet ouder dan een jaar of duizend. Het is wezenlijk een zandlandschap, met de wind als architect.

De duinen zijn Nederlands enige natuurlijke grens. In hun vorm zijn twee conflicterende bewegingen min of meer tot stilstand of laten we zeggen tot een vergelijk gekomen. De ene beweging, een eeuwen- of zelfs millennialange, gaat vanuit ons Europese achterland naar de zee. Want zand is voor het grootste deel niets anders dan wat er uiteindelijk in fijngemalen vorm resteert van de door de grote rivieren aangevoerde berggesteenten. Dit in zee belande zand wordt op zijn beurt door de getijdenbewegingen opgeduwd tot de ons allen welbekende ribbelingen en zandbanken en zeerepen, waarna wind en verstuiving het eigenlijke werk van de duinvorming ter hand kunnen nemen. De duinen zijn dus grotendeels de afleggertjes van de Alpen.

Dat is de geologische kant van de zaak. De andere bestaat uit allerlei menselijk ingrijpen. De duinen, een per definitie beweeglijk en tijdelijk landschap, zijn min of meer tot rust gebracht door bijvoorbeeld helmbeplanting aan de kale zeekant en bebossing aan de hoogste en binnenste zijde. Deze twee ingrepen, naast talrijke andere, zoals ontzanding en waterwinning, hebben de huidige duinen hun aanzien gegeven.

Hoe dan ook is het een idée fixe – dat de samenstellers van deze bloemlezing in hun Haagse jeugd ook zelf hebben gehad, je moet nu eenmaal ergens mee beginnen – om te denken dat we in het duingebied nog een reep authentieke woeste natuur hebben. Natuur, dat is in Nederland toch eigenlijk overal: wat wij ervan gemaakt hebben. Dat geldt ook voor de duinen.

Rond het cultuurlandschap dat de duinen dus zijn, hebben zich veranderingen voorgedaan. Dat geldt niet alleen voor het letterlijke 'gebruik' van de duinen, maar ook voor de sentimenten of de gevoelens die zij vroeger en tegenwoordig teweegbrachten. Het materiële gebruik – de afbeeldingen in dit boek laten het zien – is over de hele linie beter gedocumenteerd in de beeldende kunst dan in de poëzie. Vissersvrouwen zijn vrij zeldzaam in de poëzie, schelpenkarren zijn er helemaal niet in te bekennen. Zand-transporten evenmin. Wel treffen we, vooral in de oudere poëzie, de jacht aan.

Overigens op allerlei dieren – niet alleen konijnen, maar ook meeuwen en vinken, très étonnés de se trouver ensemble. Niet verrassend natuurlijk, die jacht, met nogal wat kastelen en buitenhuizen in de binnenduinen. Overigens is de aanwezigheid van de ons zo vertrouwde konijnen in de duinen het gevolg geweest van menselijk ingrijpen. Ze werden daar in de late middeleeuwen uitgezet met het oog op vlees en bont.

Wie op een schilderij van Jan van Goyen wel eens een korenveldje heeft gezien, kan zich daarover verbazen. Landbouw in de duinen? Jawel, in de prehistorie al, en ook in de al genoemde late middeleeuwen, zoals opgravingen uitgewezen hebben. In de binnenduinen zijn her en der nog wat uitgespaarde, geëffende akkertjes herkenbaar. In de laatste twee à drie eeuwen zijn er verwoede pogingen gedaan, altijd kleinschalig, tot de verbouw van bijvoorbeeld duinaardappels. Dat is nooit iets geworden. Daarentegen is de bollenteelt van de afgelopen anderhalve eeuw zonder gelijke geweest waar het gaat om het egaliseren, en daarmee de sloop, van de rand van de binnenduinen.

III. SCHILDERS EN DICHTERS

De duinen zijn zowel in de poëzie als in de beeldende kunst rijkelijk aanwezig. Maar in die twee kunsten geven ze niet steeds in dezelfde tijd en in dezelfde mate acte de présence. De dichtkunst en de schilderkunst van het duin naderen elkaar rond 1900 het dichtst. Tussen grofweg 1880 en 1920 zijn ze werkelijk tijdgenoten van elkaar, in die zin dat we kunnen spreken van verwante, in beide kunsten werkzame geesten. De Tachtigers waren natuurdichters, en ze waren bevriend met en opereerden naast de schilders van de Haagse School. De Vijftigers van driekwart eeuw later waren vooral stadsdichters, naast een Cobrabeweging die het niet of nauwelijks om figuratie ging en ook niet zo zeer om welke natuur dan ook.

Een punt van discussie is – en zal misschien wel altijd blijven – of de dichtkunst en de schilderkunst van de zeventiende eeuw inhoudelijke tijdgenoten of zelfs partners waren. De cruciale, maar misschien ook nogal ongrijpbare kwestie is die van ons aller huidige natuurgevoel: sinds wanneer zijn wij daarmee behept? Hoe, en in welke etappes, is dat tot stand gekomen? Of zit er in de formulering van zo'n vraag al veel te veel zwart-wit? Of is er wellicht, juist in Holland, veel minder sprake van zo'n sterk veranderd natuurgevoel? Dat is in ieder geval de met goede redenen omklede visie van de kunsthistoricus Boudewijn Bakker, in het essay waarmee dit boek besluit.

De samenstellers van de bloemlezing hebben nochtans de indruk dat de dichters van de Gouden Eeuw in wier werk de duinen figureren toch heel andere dingen in dat landschap zagen en ervoeren dan 'wij'. Dat wil zeggen: de 'wij' die we wat dit betreft toenemend zijn geworden sinds pakweg tweehonderd jaar. Bij Cats, Huygens, Vondel cum suis is een duinlandschap te vinden dat minder met een esthetisch dan met een utilitair oog bezien wordt. Het is vooral een woestenij die eigenlijk in cultuur gebracht zou moeten worden, of een omgeving die als fraai contrast kan dienen voor een op het duin veroverde lusthof. Grote en vrome dankbaarheid wordt er, vanaf deze tijd tot nog ver in de negentiende eeuw, uitgesproken voor de duinen als een van godswege gegeven zeewering. Ook die dankbaarheid, bijna overbodig om te benadrukken, geldt eerder een god die als een dijkbouwer bedacht is op veiligheid dan een god die duindoorns en nachtegalen evenzeer heeft geschapen als al dat water en al dat zand.

De zogenaamde wilde natuur (een stuk wilder dan nu waren de duinen destijds in elk geval) gold nog niet, zoals tegenwoordig, als een positieve en te behouden of zelfs te herstellen waarde op zichzelf. Voor de erkenning van zulke natuur lijkt een zekere mate van secularisatie vereist. Tegelijk zal de veranderde blik een gevolg zijn geweest van het door toenemende industrialisering en rationalisatie (ook van de landbouw) slinkende areaal van grond die nog niet ten nutte werd gemaakt. De Romantiek, hoe laat die zich ook voordoet in Nederland, is ook hier beslissend geweest voor de notie van het min of meer wilde landschap-op-zichzelf, van een landschap dat er is omwille van zichzelf en – voorzover wij ons dat hier überhaupt nog kunnen voorstellen – buiten ons toedoen. Het is een notie die ons nog steeds modern aandoet en die pas in de poëzie vanaf Tachtig te vinden is.

Zoals gezegd zijn in *Op 't duin* naast en tegenover elkaar te vinden: het duinlandschap van de poëzie, vooral uit de negentiende en de twintigste eeuw, en het duinlandschap van de beeldende kunst, met een al twee eeuwen eerder gelegen zwaartepunt. De beschouwer van nu kan ze probleemloos als elkaars complement zien, de recentere gedichten en de oudere schilderijen. Wij slagen er met groot gemak in om de gedichten van bijvoorbeeld Bernlef te rijmen met een schilderijtje van Jan van Goyen, eerder dan we in staat zijn om die schilder als een tijdgenoot van Jacob Cats te begrijpen. Hoe dan ook lijken de kunsten elkaar over de eeuwen heen de hand te reiken.

Maar eenvoudig, de duinen, eenvoudig? Zonder Van Geel onrecht te willen doen, zouden we dat gezien al het bovenstaande gerust in twijfel kunnen trekken. De duinen spreken niet voor zichzelf, ze zijn niet eenduidig, en mensen hebben er vast en zeker niet op dezelfde manier in vertoefd of naar gekeken – kunstenaars noch dichters. De duinen zijn, als verbeeld landschap, minstens zo in beweging gebleven als toen zij nog van verstuiving tot verstuiving voortgingen met worden, verschuiven en van gedaante veranderen.

IV. GIJ ZULT NIET BLOEMLEZEN

Het elfde gebod is uitgevaardigd door de dichter L.Th. Lehmann. 'Gij zult niet bloemlezen.' Lehmann, nooit een rooie cent, had allereerst uitgevers op het oog, die wel boeken uitgeven maar zo weinig mogelijk geld kwijt willen zijn aan de gebloemleesde dichters. Het bloemlezen zelf, als activiteit van de samenstellers, kan met evenveel recht als een vergrijp worden gezien. Een gedicht wordt uit z'n context, bundel, reeks gehaald en in een verband gezet waar de dichter geen zeggenschap over heeft. Toch heeft bijna elke lezer wel eens baat bij een bloemlezing. Gedichten, hoe verbaasd ook elkaar tegen te komen, kunnen zomaar in gesprek raken met elkaar. Een bloemlezing kan je ertoe brengen om meer van een dichter te willen weten.

Tot zover de apologie van de bloemlezers. Wij weten het: gedichten worden niet geschreven om in bloemlezingen te belanden. We hebben het toch niet kunnen laten en gedurende een jaar of drie duingedichten gehamsterd. De oogst was groot. Op een gegeven moment hadden we een groslijst van zo'n honderdvijftig dichters – zodat de opgave ten slotte werd: die enorme hoeveelheid terugsnoeien tot hebbelijke proporties.

Bloemlezen is vaak verrassend. Het oog raakt getraind in een raar soort van scannen. Staat er op deze bladzijde ergens duin, zand, helm, meeuw, kruin, strand? Hoe veel en wat voor duin dient een gedicht te bevatten? Eén duinaardbei, is dat genoeg? Wij vonden van wel. In één duinaardbei kan het gehele duinlandschap aanwezig zijn.

Van tevoren kun je niet weten bij wie je een duin tegen zult komen. Soms helpt het te weten dat een dichter in of bij de duinen heeft gewoond of woont. Maar wonen is geen garantie. Remco Campert bijvoorbeeld mag dan als jongen wel in Kijkduin hebben gewoond, maar veel meer dan een flard van een jeugd, in nauwelijks meer dan één gedicht, heeft dat niet opgeleverd. Campert is eigenlijk ook een typische stadsdichter, denkt de bloemlezer dan. En ook Lucebert, die zijn werkende leven in Bergen doorbracht, had dat ene gedicht dat in de bloemlezing staat ook best *niet* geschreven kunnen hebben. Nog één zo'n generaliserende intuïtie tot slot. Bij Leo Vroman verwachtten we geen duin, niet alleen omdat hij zijn leven grotendeels buiten Nederland heeft doorgebracht, maar ook en vooral omdat het soort poëzie dat hij schreef nu eenmaal geen ruimte lijkt te hebben voor zoiets als een landschap.

Bloemlezers zeggen altijd dat ze op kwaliteit geselecteerd hebben. Dat beweren wij ook. Al is kwaliteit natuurlijk nooit het enige, er is altijd wel een onzuiverheidje hier of daar. Bloemlezen is ook principieel gesjoemel. We hebben wel eens een gedicht opgenomen, bijna alleen maar omdat het van deze of gene grote dichter was én over de duinen ging. Wat daarbij dan voorzat was dat je in zo'n bloemlezing ook waar mogelijk het hele landschap van de Nederlandse poëzie wilt laten zien.

We hebben het ons veroorloofd één Frans gedicht op te nemen, in vertaling. Het is de tekst van het befaamde chanson van Jacques Brel, dat hij zowel in zijn eigen Frans als in het Nederlands van Ernst van Altena gezongen heeft. Omdat het zo mooi is en omdat we het niet konden laten. Dit tot slot van onze bloemlezerszonden. Trouwens, uitsluitend vanwege de omvangseisen waaraan de bloemlezing zich diende te houden, hebben we nog een ander mooi duingedicht, ook in vertaling, van een andere Franstalige Belg, Emile Verhaeren, moeten laten schieten.

V. DICHTERS VAN HET DUIN

Bij heel wat dichters is hier of daar wel eens een duin aan te treffen, en soms ook meteen zo mooi of bijzonder dat het gedicht in kwestie een plaats opeiste. Maar er is een aantal dichters dat zoveel met de duinen heeft, in het werk, dat we enkele van hen hier heel kort aan willen duiden.

Herman Gorter en Albert Verwey, hoe onderling verschillend ook, worden beiden toch tot de beweging van Tachtig gerekend. Gorters lange lyrisch-verhalende *Mei* (van 1889) speelt zich af in een even mythisch als toch reëel duinlandschap. In de *Verzen* van 1890 zijn de duinen het zinderende landschap van zijn grote liefdeslyriek. En ook in zijn laatste werk, de postuum gepubliceerde bundel *Liedjes* (1930), zijn de duinen present.

Verwey, met zijn buitengewoon omvangrijke en veelzijdige oeuvre, waarvan een groot deel geschreven werd in zijn duinhuis 'Vita nova' te Noordwijk (helaas weggesloopt uit onze zichtbare cultuurgeschiedenis) is misschien van het hier genoemde tiental dichters de kampioen duindichter. Verwey omvatte de duinen en werd erdoor omvat. Zijn pantheïstische geest zag zelfs kans een lang gedicht te schrijven waarin een al iets oudere watertoren vol ontzag, en zo goed als verliefd, een nieuwe vuurtoren gewaarwordt. We hebben het niet kunnen opnemen, domweg omdat het te lang was, maar bij niemand zagen we een zo wonderbaarlijke samenwoning van duinen en techniek.

Misschien is Adriaan Roland Holst in de hoofden van veel lezers nog altijd de nationale bard van duin en kust. Zijn bronzen stemgeluid is direct herkenbaar. Zijn duinen zijn mythisch en Keltisch en in principe vol gevaar. In het duin vreest de dichter zijn dubbelganger te ontmoeten, het duin wordt een onheilspellende spiegel.

In de duinen van Roland Holst is de lezer heel ver verwijderd van het landschap dat Chris van Geels werk toont. Van Geel, die net als Roland Holst een flink deel van zijn leven in het duingebied doorbracht, is even present in het landschap als het landschap in hem. Hij is een altijd oefenende dichter, vaak op de rand van de figuratie, lapidair, een etser. Hij is denkelijk onze beste windschrijver.

Bernlef heeft met Van Geel gemeen dat hij een proberende dichter is, met een grote liefde voor het altijd voorlopige van het armelijke duinlandschap met zijn onnadrukkelijke tinten. Je zou hem de Jan van Goyen – met zijn duinpalet – onder de dichters kunnen noemen. Hij denkt het landschap evenzeer als hij het ziet, maar tegelijk is hij erop uit zichzelf eruit weg te denken. Wat dat betreft is een sterker tegenstelling dan vooral tot Roland Holst – die misschien wat oneerbiedig gezegd in zijn eentje opzwelt tot het hele duingebied – niet denkbaar. De duinen, het sobere, onnadrukkelijke, nooit helemaal affe landschap, met zijn essentiële overgangs- of randkarakter, ze waren Bernlef op het lijf geschreven.

VI. MEANDERS

Tot slot nog dit over hoe wij het tweede bloemlezersprobleem te lijf zijn gegaan. Hoe de gedichten te presenteren? Een chronologische volgorde leek ons om allerlei redenen toch al het minst aantrekkelijk. Maar al gauw bleek dat de gedichten, in een door ons beraamde thematische opeenvolging, en de afgebeelde schilderijen en de tekeningen in de hunne, zich behoorlijk goed op elkaar lieten afstemmen zonder hun zelfstandigheid prijs te hoeven geven. Van een letterlijke illustratie – dit hoort bij dat – is uiteraard geen sprake. Niettemin sluiten de thematische guirlandes of meanders die er in beide ordeningen tot stand zijn gekomen vaak wonderwel bij elkaar aan.

Wat de gedichten betreft, het is een slingerend patroon dat de lezer de weg wijst, waarbij de thema's, hopen wij, voor zichzelf spreken. Met dat al hopen de drie samenstellers van *Op 't duin* dat het in voldoende mate gelukt is om ze met elkaar te vervlechten: de duingedichten en de duingezichten.

Nicolaas Matsier

100 DUINGEDICHTEN EN 100 DUINGEZICHTEN

De wijde blik

1

Ferdinand Hart Nibbrig,
Gezicht op Zoutelande, 1912, olieverf op doek,
80×159,5 cm

2

Johan Hendrik Weissenbruch, *Duinlandschap*, 1870–1896,
olieverf op paneel, 21 × 34 cm

Jacob van Ruisdael, *Duinlandschap met een ruiter*, ca. 1650–1657, olieverf op paneel, 33,5×38 cm

3

4

Andreas Schelfhout, *Een vuurtoren en visserswoningen in de duinen*, 1849, olieverf op paneel, 34 × 48 cm

P. Louwerse Mijn Nederland

Waar de blanke top der duinen
Schittert in den zonnegloed,
En de Noordzee vriend'lijk bruisend
Neêrlands smalle kust begroet,
Juich ik aan het vlakke strand,
Juich ik aan het vlakke strand:
'k Heb u lief, mijn Nederland,
'k Heb u lief, mijn Nederland.

Waar het lachend groen der heuvels
't Kleed der stille heide omzoomt,
Waar langs rijk beladen velden
Rijn of Maas of Schelde stroomt,
Klinkt mijn lied op ouden trant,
Klinkt mijn lied op ouden trant,
'k Heb u lief, mijn Nederland,
'k Heb u lief, mijn Nederland.

Blijf gezegend, land der Vad'ren,
Make u eendracht sterk en groot,
Blijve 't volk der Koninginne
Houw en trouw in nood en dood!
Doe zoo ieder 't woord gestand,
Doe zoo ieder 't woord gestand,
'k Heb u lief, mijn Nederland,
'k Heb u lief, mijn Nederland.

1

K. Michel Ook de vissen

Zou je de Haagse Hofvijver overeind zetten
rechtstandig als een majestueuze wand van water
om het licht de diepte te laten doorstralen
om de stad een doorzichtige spiegel te bieden

een oudgouden glans zou over de huizen strijken
en iemand roept als eerste 'kijk' en wijst
toeterend komt het hele verkeer tot stilstand
abrupt worden alle vergaderingen opgeschort
en de straten vullen zich met ogen en geroezemoes

een vorstelijk banket, jagers in een herfstbos
zegels en paperassen, gesluierde naakte vrouwen
iedereen ziet in de vijverwand iets anders
maar allemaal blikken ze diep in de tijd terug

En eindelijk kunnen de hofvissen ook eens
over de schubbenhuid van de daken uitkijken
naar de glinsterende torens en ijspaleizen
de bomen bij de duinen, het gele strandzand

'kijk,' stoten de vissen elkaar aan, 'dat zilvergrijze
dat schitterende schuimende, woelende weidse
dat zich daar uitstrekt tot aan de einder en verder
dat is nou de zee, ja dat daar is de zee'

2

Abraham Rademaker naar Constantijn Huygens Jr.,
Panorama vanaf de toren van de Grote of St. Jacobskerk in Den Haag, 1720,
pen in bruin, penseel in bruin en grijs, 30,2 × 47,9 cm

5

Jacques Brel / Ernst van Altena Mijn vlakke land

Wanneer de Noordzee koppig breekt aan hoge duinen
En witte vlokken schuim uiteen slaan op de kruinen
Wanneer de norse vloed beukt op het zwart basalt
En over dijk en duin de grijze nevel valt
Wanneer bij eb het strand woest is als een woestijn
En natte westenwinden gieren van venijn
Dan vecht mijn land, mijn vlakke land

Wanneer de regen daalt op straten, pleinen, perken
Op dak en torenspits van hemelhoge kerken
Die in dit vlakke land de enige bergen zijn
Wanneer onder de wolken mensen dwergen zijn
Wanneer de dagen gaan in domme regelmaat
Een bolle oostenwind het land nog vlakker slaat
Dan wacht mijn land, mijn vlakke land

Wanneer de lage lucht vlak over het water scheert
Wanneer de lage lucht ons nederigheid leert
Wanneer de lage lucht er grijs als leisteen is
Wanneer de lage lucht er vaal als keileem is
Wanneer de noordenwind de vlakte vierendeelt
Wanneer de noordenwind er onze adem steelt
Dan kraakt mijn land, mijn vlakke land

Wanneer de Schelde blinkt in zuidelijke zon
En elke Vlaamse vrouw flaneert in zonjapon
Wanneer de eerste spin zijn lentewebben weeft
Of dampende het veld in julizonlicht beeft
Wanneer de zuidenwind er schatert door het graan
Wanneer de zuidenwind er jubelt langs de baan
3 Dan juicht mijn land, mijn vlakke land

Jean Brusselmans, *Duinen*, 1937, olieverf op doek, 110×120 cm

6

7

Gerrit Benner, *Zee en duinen*, 1960, olieverf op doek, 70×90 cm

Jan Wiegers, *Kooiboerderij met duinen*, 1958, olieverf op doek, 60 × 80,5 cm 8

9

Jacob van Ruisdael, *Gezicht op Haarlem met bleekvelden*, 1670–1675, olieverf op doek, 55,5 × 62 cm

C.O. Jellema Op het eerste gezicht

Uitbarstingen van landschap. Het portret
ontbreekt. Coup du soleil verlicht van boven
het blekersveld bij Haarlem. Het lijkt net
of het zo was. Ik wil het wel geloven:

aanraken, Thomas, mag hier niet, suppoosten
zijn parkwachters met uniform en pet.
Ik zie je staan, tenger, om me te troosten;
heb, snel verliefd, je op doeken gezet:

uitzichten op Bentheim, op watermolens,
bosvijvers die een hertepoot weerkaatsen,
de wandelaar ben ik die, omgewend,

kijkt of je komt – zo worden nolens volens
Ruisdaels landschappen ideale plaatsen
Voor onze picknick – jij, mooi, onbekend.

4

Huub Beurskens Gezicht op Haarlem – 19.11.1994

Wie die ooit ergens een *Gezicht op Haarlem* echt bezag
als Van Ruisdael, uitkeek, van een duintop op de grasvelden
met linnenstroken drogend na hun melkzuurbad en blekend in zo'n zelden
maar dan wel stralend doorbrekende zomerzon in een wolkenluchtendag

terwijl de stad, alsof dit geheel de wereld was, voor de einder lag,
waande zich niet ook heel even door de god er bij meegeteld en,
als de hofjes, kerken, blekershuizen en de stekken voor eeuwig gelden?
Achter Van Ruisdael rees de zee hoorbaar. En de museumbezoeker? Ach,

ook die gaat maar weer op in het massagedruis en mee en weg spoelt
elke andere gedachte waarmee hij nog speelde, het beeld misschien
van iemand die als een niemandmeer van kleur verschoten en afgekoeld

tot slaapkamertemperatuur scheefgezakt tegen een muur niets meer voelt
of waarneemt in en van de stad die Van Ruisdael ooit stond te bezien
zich mogelijk vragend voor wat het was bedoeld, wit lijnwaad, al dat.

5

Anthonie Waterloo, *Gezicht op Haarlem*, ca. 1650–1670, zwart krijt, 39,5 × 58,5 cm

10

Pieter Boskma

Het gele licht van Jan van Goyen
straalt laag over de duinen,
van de opstanding der doden
tot de aanvaring der tijden.

De bast van kale zilverberken
glinstert als met goud beslagen
en de namen op de zerken
wordt weer adem ingeblazen.

Van een ruit spat fel de zon
die in de wolken zakt.

Een glasvlam bij de Hoogovens
slaat over in het dikke hart.

Dan, uit het dolhuis van de nacht,
kwakt Malevitch zijn Zwart Vlak.

6

Jacob Groot Gezicht op Haarlem

Is het nog blauw dat in je ogen giet, wordt het je
gegeven al aan ze te ontkomen, zonder ze te gaan
baden, door je te laten lopen in de waterleidingduinen,
aan hun komende donker te geloven, of daalt uit de verte

de klok, in de spits van je oren, over de geslotenheid
van de bomen, zijn de sporen wijzers, rinkelt de toren
van Castricum, door je naar huis te roepen, zijn de wolken
de treinen die je rijden naar IJmuiden, zoals hun volgende

station, los van zijn naam, omdat hoge ovens vangen veel
wind, moet luiden, houdt zien ze in dat je, mooi meegenomen,
tegen de zon, halverwege de rookkolommen schildert op

de lucht van stof het lichtportret, als in een poort, gehangen
aan het Zuiden, gaat open een gezicht, van niemand anders
meer, dat onherkenbaar breekt, verbrand als dat van jou?

7

11 Pieter de Molijn, *Kale duinen*, 1634, olieverf op paneel, 23×28,2 cm

Jacques Hamelink Duinen bij Wassenaar

Seghers, Filips de Koninck, namen van niemanden
komen op en gaan over
en daarna ligt het er gewoon weer, onbeheerd
en oningekaderd. Eenvoudig landschap
van geen beweging, rusteloos voortvlietend.

Het gras verschoten, grijsgroene
lage heuvels, kromme boomgroepjes
waar wind in betijt. Hou maar op
met verwoorden, woordenaar
die minder en minder te zeggen heeft.

Vlucht van een paar onbelezen hazen.
Wat vogelgriffels in het zand van een duinpan
hebben geschreven, basisgeschiedenis
zonder wapenfeiten. Kom je daar voor?
Daar kom jij niet in voor.

Een ven als een te ver doorgedreven gedachte
die je niet kunt bevatten
maar toch in moet prenten
breekt je route.
                                        Dit is het dan dus,
al grijs wordende onverklaarbare man,
hier maar wat te staan
zonder einddoel, op vergankelijke voeten
en dat ook in te zien
en dan terug te gaan.

8

Wim Hofman Mondriaan

in domburg werd zijn palet lichter lichtblauw voor de lucht het was zomer in de zomer was de lucht nogal logisch vaak lichtblauw overdag goudgeel was voor de duinen met hun verfoeilijke ruggen daar wat zwart voor die paaltjes in de verte die hardnekkig bleven staan als overtuigde hardzingende calvinisten nee precies het kon eigenlijk niet zonder dat zwart en dan het wit loodwit om wolken stil stil stil te krijgen en wit om het blauw van de lucht te verlichten en nog meer wit om de wolken te hogen en nog lekker wat roomwit om het geel van het duinzand aan de zonkant wat af te zwakken en veel veel wit als het ging waaien fris wit voor de kammetjes van de golven het bewegende water waarom toch grote god geen stilliggend wit water waarom al dat beweeg waarom nooit stil alleen met zwart krijg je eeuwige rust je trekt gewoon zorgvuldig lijntjes met je kwast het water ligt dan voorgoed vast de paaltjes staan dan meteen paf zwart zwart zwart geeft de richting aan ritmisch streepje zo de ogen van het verstand de zwarte veeg van het geloof doen de rest de rest van de zee wit wit dat is het beste beter dan grijs palen bomen zwart takken zwart eerst het zwart dan de kleuren eerst het zwart dan het wit zwarte horizon zwarte aritmetische elkaar exact daar daar kruisende lijnen die precies tot in het oneindige doorgaan daar precies daar en dan die oneindige in absolute peilloze precieze doodse zoutwitte stilte altijd maar door door doorklinkende zee --

9

Piet Mondriaan, *Duin V*, 1909–1910, olieverf op doek, 65,5 × 96 cm

12

13

Dirck Nab, *'Bij IJmuiden'*, 6 maart 2013, zwart krijt, 32 × 48 cm

Theo Olthuis Duintop

voor Dirck N.

Zo schijnbaar
achteloos
in terloopse
lijnen uitgezet,
dat helm zich buigt
en zand bijna
van het papier
opstuift
– Een zwak
geluid van de zee.

10

Augusta Peaux Wapenschouw

Hun lichte vaantjes dragen blaadjes fijn
van bramenbloesem in 't omsloten dal;
en vedergrassen, wit in zonneschijn,
wuivende pluimen van den vestingwal.
Langs heel het duin een flikkerende lijn
van lichte lansen, op den omgang, al
in dichte rijën hooggericht en pal:
de helmebossen, die speerdragers zijn.
Boogschutters anderen; op zijn blanke tel
rijdt hoog de wind en overziet ze er all',
een knie gebogen, wachtend zijn bevel,
richtend hun zilvren pijlen, spits en smal.

11

14

Jan Toorop, *Duin en zee (O-wind met vorst)*, 1899, olieverf op doek, 30,5×33 cm; lijst van H.P. Berlage, hout, 50,5 × 50 cm

15

Carel Nicolaas Hoynck van Papendrecht, *Een duinpan bij Waalsdorp*, 1911, aquarel, 24,5 × 32,7 cm

Lenze Bouwers

De duinen moet je niet willen verplaatsen,
de wolken, laat ze gaan hun eigen weg;
eer de grenstaal van de ligusterheg,
keer om bij het markeringspunt, het laatste,
herken de witte strandpaal en verleg
de bedding van de rivierstroom niet. Haat ze
wel de ziekten vol bedreiging, maar zeg:
de duinen moet je niet willen verplaatsen.
Misschien verbreden? Gulzige wolf laat ze
met stormkracht verminkt achter. Val aan, leg
een wal aan, spuit nieuw zand op, ook al gaat ze
schuiven de grillige bank. Erken die weg:
de duinen moet je niet willen verplaatsen.

12

16

Jan Wolkers, *Duin*, 1992, zeefdruk in geel, bruin en zwart, 60×80 cm

Jan Wolkers De duinen

De heupzwaai van de duinen
Houdt de zee op afstand
In schuimrokken de branding
Het schelpengruis klinkt op
Als enkelringen

Zeeraket verlandt
Het zilte zand tot glooiing

De blauwe kiekendief
Kent de plastiek
Van de valleien
Het dal der schaduwen
Waar het struikgewas verbrokkelt
Tot mergloos gebeente

De duistere contouren
Kaatsen de wolken

De taaie kleur van de helm
Verbergt de spookgestalte
Van de velduil
De grijze winter
Hult alles in glas

13

Het duin

Barend Hendrik Thier (toeschr.),
Studie van zandgrond, ca. 1800, pen in bruin,
penseel in kleur, 10,6 × 26,9 cm

17

Herman Gorter

Zooals de zee met eindeloze deining
een effen vlak balanceerende is,
de opkomende lucht heeft het gemis
aan vastheid door zijn opgaan en zijn kwijning.

En 't maken alle toch ééne verschijning,
in 't felle ruischen van den wind gewis,
het brullend komen en het schuimgesis
van overal samenglijdende deining.

Zoo sta ik hier achter een witten berg
van duinzand in een los bekoorlijk dal,
de enk'le halmen zijn er veel en schuchter,
de berg is hoog met ronden kop en nuchter
zijn de zeegeuren over den zandval,
hier in dit grove zand waar ik me berg.

14

Théo van Rysselberghe, *Duinen/Dunes*, 1900, olieverf op doek, 50 × 60 cm

18

19 Emil Neumann, *Duintop* (bij Scheveningen of Katwijk), ca. 1884, olieverf op papier op doek, 19,5 × 26,3 cm

Jan Willem van Borselen, *Duinpan*, 1850–1890, olieverf op papier, 12,3×18,5 cm

20

J. Bernlef Geestgronden 2

Stug, ongeborsteld jongenshaar –
Melkboerenhonde- – licht op tussen
de vaalgeplukte buffelruggen

Kudde die ondergronds op de vlucht slaat
net traag genoeg nog om voor landschap
door te kunnen gaan

Stilstaan – voelen hoe
je blik gezandstraald wordt
tot je geen richtingen meer kent

En door de wentelende meeuw
in diens allerwitst moment
wordt opgetild tot wat je bijna bent.

15

J. Bernlef

Niets dan verstuiving
rozen van zand verbloeid door de wind

Tot akkermelkdistel, buntgras
en zandzegge
hun vederlichte ankers neerlieten in het zand

Zo vormden zich de eerste harige heuvels
in een voortvluchtend landschap

Nog altijd bewegen de duinen
de muziek vervlogen, klinkt hun grondmelodie
in ijl ritselend helmgras na.

16

Chr. J. van Geel Klimduin

Hoe mooi de schaduwen van blad op blad,
en schaduwloze strakke lucht, hoe blauw.
Zand stuift een bijna haren kuif
over de hoogste toppen van het klimduin.

Er grijpt een hand in het lover van
De kroon waar ik op kijk, voortdurend – en
nerveuze rust rolt door de boom.

Aanhoudend stuift de wind de kuilen en
de stap van kinderen op het klimduin,
de bilafdrukken van de moeders,
mijn zoeken naar jou dichtbij mijn stap,
mijn talloze voetstappen dicht.

17

21

Jan van der Kooi, *Zandafgraving*, 1996, olieverf op paneel, 85 × 100 cm

Neeltje Maria Min

In bos dacht ik aan duin,
aan ieder duin apart,
aan brem, aan zand, aan helm
en aan geblakerd helm.

En daardoorheen aan hem,
aan hoe verschroeid hij was.

Waar de begroeing week
kwam polder aan het licht:
bleek gras dat groener werd
totdat het leek op gras.

Ook daar dacht ik aan duin
maar dan in zijn geheel.

18

Adriaan Morriën Duinlandschap

De opeenvolging van de duinen
gezien van de top van de hoogste duin.
Het landschap golft
zonder zich te verroeren.

Elke tak, iedere grashalm, elk blad
en ook elke zandkorrel
iets afzonderlijks
maar daarom nog niet eenzaam.

Het geheel is eenzamer
dan elk deeltje afzonderlijk
omdat de hemel het geheel
niet werkelijk omvat.

Het gepiep van een vogel,
eerst niet opgemerkt in de stilte,
door het gehoor uit de stilte gescheiden
en er daarna weer aan teruggegeven.

19

Hester Knibbe Duinpan

Ontelbaar is mijn ondergrond, een kom
mijn ondoorgrondelijke som, een eeuwigheid
ligt erin opgeslagen. Van weer en wind

een buitenkind, word ik gevoed met huid
die van de toppen wordt gerukt. Geen dood
heeft grip op mij, ik ken hem niet

dan van nabij als hij een schepsel uit me
plukt, een hagedis of duinkonijn aan wie ik
kraambed bied en keutelplek. Ik kijk alleen
tot waar ik reik, want door elk briesje

opgetild, word ik toch op mijzelf
teruggeworpen. Behalve als een storm
wreed in me duikt. Aan wat me dan
ontvalt, sterf ik alsnog.

20

Neeltje Maria Min

Een duinpan was onze bedding.
Daar had het glimmende helm
geklapwiegd, ons in slaap gesust.
Daar werden wij wakker, wreven
het zand uit de ogen, zagen
een vogel hoog boven ons bidden,
wisten ons prooi van wat dwingt.

In de verte morde de donder.
Een komen en gaan van krijsende
meeuwen. Een hond sloeg aan. De
auto's op de snelweg raasden.
Niets werd gestild.

En door de regen terug naar
Huis. Verdreven. De kust
was onveilig geworden.

21

Augusta Peaux In de duinen

Daar is het blanke zonlicht overal
en vult de dag zijn beker tot den rand.
Hij spiedt de kleuren, die in 't fijn kristal
spelen, als in een kelk van diamant.
Lichtdruppen storten in een parelval,
hij ziet niet hoe zijn achtelooze hand
den blanken lichtdauw spilt, een zilverval
van zon op witgrijs zilvermos en zand.
Stil ligt hij in de diepe duinendel
– een krekel sjirpt, blank zaagje, fijn getand – ,
hij ligt te turen naar het kleurenspel
en 't dof oud-zilver van den schaduwkant.

22

Willem de Zwart, *Duinen bij Wassenaar*, ca. 1890,
olieverf op paneel, 34 ×43 cm

22

Albert Verwey

Hier in een groenen kuil lig ik geborgen
Voor wind en stemmen die mij zeer bezeren, –
Hier schijnt de zon, de leeuwrik zingt, er scheren
Zwaluwen langs de duinlijn, en de morgen
Verloopt in vreugd. Mij had de stad vol zorgen
Zo beangst gemaakt, dat ik weer vreugd moest leren
Als een kind lopen, en mij vreê vermeren
In 't hart als een meer droppels dat het worgen
Van hitte droog wrong. O leeg hart, verflauwde,
Word vol nog eenmaal, doe mij eens nog leven.
Om me uit droog mos spruit groenheid; zoele winden
Komen zelfs uit het noorden, al hun koude
Stookt de zon warm: doe zo mijn lijf warm beven,
Mijn mond het bloesemende woord hervinden.

23

Constant Permeke, *Duinlandschap*, ca. 1910–1912,
olieverf op doek op paneel, 30 ×41,5 cm

23

24

Jan Wiegers, *Duinlandschap*, 1953, aquarel, 33 × 48 cm

Elly de Waard Zeereep

Ruigte. Stuifduinen
Zand schuurt de huid
en striemt de ogen
Gesel van wind en slijpsel
van kristallen grond

Nooit was het anders
sinds de Noordzee, die
directe nazaat van de goden
eonen terug, hier
met haar werk begon

En zij verveeld
of woedend, met haar rusteloze
golven, zandgolven, stuifsels
van haar branding, land schiep
naar haar evenbeeld –

Op de door duinzand overstoven
oeverwallen van het Oer-IJ
loopt een verharde stroomrug
naar een nederzetting
uit de Twintigste Eeuw

24

Willem Jan Otten

Een zandstraal wind in de rug,
ergens tussen de badweg en Het Hon
het strand een aftelrijm van palen.

Waar de zee nog dun is als een pink
rollen strandlopertjes als biljartballen
over het laken van het water,
overrompeld door zeeschuim.

En waar het duin verzandt
ontstaan om wrakhout, flessen, banden,
nieuwe duinen, niet hoger dan mijn hiel,

en tussen duin en water: wij,
onze stappen ongeteld, het is de wind
die ons doet lopen.

25

25

Aat Veldhoen, *Brokstukken van bunkers op het strand bij Bergen aan Zee,* 1956, ets, 24,5 × 37 cm

Jan Baeke Zo is de zee

Zee vult verslagen en verslagenen
teistert omstanders
dooft.

De zee doet geen poging
om nieuwsgierigheid te wekken.

Van haar uit gaat het zand
gaan de duinen en het dorp
en alles gaat van haar uit.

Vanaf de duinenrij een auto.
De uitverkorenen die naar ons kijken
op het strand.

Ik herinner me hoe de zee bestond.
De mannen werden groter
de auto's talrijker
ernstiger en sterfelijker.
De zee was alles waarover wij schreven.

De rest is herinnering.
Ik liep de straat uit
om de man te verslaan
die later mijn minnaar zou worden.

Een man werd ziek van de zee.
De zee had een luide stem.
Wat kwam was in mij.

26 Het kan nooit helemaal juist zijn

Maar zo is de zee.

Jan Mankes, *Het strand bij Scheveningen in de ochtend,* november/december 1915, olieverf op doek, 35 × 41 cm

26

Plant en dier

Wim Schumacher, *Duingrond,* 1936, olieverf op doek, 33,5 × 56 cm

28

Jan Hoynck van Papendrecht, *'Tusschen Bloemendaal en IJmuiden'*, september 1891, aquarel, 17,5 × 26,2 cm

Willem Roelofs, *'Dekkers Duin'*, 1839, aquarel in schetsboek, 20,4 × 27,3 cm

29

Hans Warren Zandblauwtje

Scherfje hemel op de duintop
trillend in de wind.

Omdat ik niet zeker was
plukte ik de schraalste.

’s Avonds, vergeten in mijn zak:
dor propje, sprietje, spijt.

Water deed wonderen, ’s anderendaags
bloeide je weer, liet je determineren.

Zachtblauwtje, Jassione montana.
Scherfje hemel in een plastic beker.

De wroeging blijft, geen wind, geen bij
beroert je meer, en

ijdel is dit woord.

27

Jacob Winkler Prins Popel-eiland

Zie uit nevels rijzen, als uit droomen,
Rijen duinen in een blanke omlijning;
Zie de golfjes met een zachte deining
Tot mijn eiland, popel-eiland komen.

Hoor 't gebriesch van knabbelvraatzucht, stroomen
Rond mijn eiland... Tot er kust-verdwijning
En verwelking, en ontbladering, kwijning,
Plaats heeft aan mijn rijen hooge boomen...

Wilder schudt de wind de ratel-bladen,
Wilder wiegt hij schaduw over 't dak,
Wilder danst het golfje langs mijn paden

En lacht op, wanneer een dorre tak,
Laag gebogen en met dauw beladen,
Door de zuiging neergetrokken, brak.

28

30

Ayzo Epeus van Humalda van Eysinga, *Duinlandschap bij de zee,* 1934,
olieverf op doek op karton, 25 × 30 cm

Johan Briedé, *Zeedistel,* 1934, zwart en blauw krijt, 30,5 × 23,7 cm (blad)

31

Gerrit Bakker De aardbei

Als ik het woord zou kunnen verlenen aan de dingen die niet spreken kunnen, zou ik het aan de kleine aardbei doen, die ik eens aan het eind van een zomer aan de voet van een duinhelling zag en die ik niet licht zal vergeten.

Hij was klein en minder rood dan zijn grote soortgenoten die wij in het voorjaar in de etalages van de winkels zien, hij was bescheidener en minder aangepast.

Ik zag hem ver van de weg die ik gewoonlijk ga en hoewel men zou kunnen tegenwerpen dat het toeval was, ben ik ervan overtuigd dat er van deze vrucht een kracht uitging die mij mijn gewoonte had doen doorbreken.

Hij was de enige aan de plant waaraan hij groeide en ook aan de planten eromheen herinner ik mij niet er een ander te hebben gezien, hij beheerste het dal meer dan de bomen.

Ik weet niet waaraan hij me denken deed en nu ik erover spreek weet ik zelfs niet of ik niet *zij* zou moeten zeggen.

Op de top van het duin wachtte ik tot het donker was en pas toen hij – hij, toch, eist het taalgebruik – als laatste in de schemering was verdwenen, durfde ik dichterbij te komen. Hij voelde hard aan als een steen.

29

Elisabeth Geertruida van de Kasteele, *Aardbei,* 1750–1800, penseel in kleur, 10,6 × 11,2 cm

32

Anneke Brassinga blauw

kleine droefheid roept en raast
als regen in de duinen
kleine droefheid kijkt verdwaasd
naar de bramen neder.

zwarte vrucht van droefheid
in de regen, zoet en koud
roept en raast, verdwaasd en teder.
koude duinen, wolkenblauw

bewaasd, omringen de verdwaalde
droefheid, stervend haast,
die in al haar kleinheid
roept en raast.

30

Jacob de Gheyn II, *Twee braamstruiken,* ca. 1620,
pen in bruin op bruin papier, 15,4 × 30,3 cm

33

34

Frederick Bloemaert naar Abraham Bloemaert, *Konijnen,* 1635–1670, gravure en ets, 9,8 × 15,5 cm

Judith Herzberg Egmond aan Zee

Ochtend vroeg is niemandsland
hoe het ruikt, naar
veel droog geel, dat
is nog niet verbruikt.
Zandoogjes sluiten zich, fladderen
sluiten. Konijnen overwegen
altijd even: blijven staan
of niet blijven staan. Besluiten
altijd: toch – maar – liever – niet.

31

Willem Jan Otten Meeuwen die wel zouden willen

Juist boven de duinrij
blijven wij hangen
tussen twee vleugels
geleund op een zuchtje
uit zee, wij talmende
kenteringverbeiders,
niets willen we missen
van straks het blootleggend tij.

32

Jan Gerrit Ikelaar, *Twee meeuwen boven 't duin,* ca. 1975,
olieverf op doek, 100 × 100 cm

35

Albert Verwey Het duinbos

Toen koekoeksbloem en fluitelof in 't bos
Hun wit en paars verdeelden en het geel
Van boterbloemen schoot in 't groene gras
En hondsdraf dik den doffen grond bewies, –
En 't bos lag rondom in een duinenkom
En bleke lucht van Juni-middag spon
Ons in met leeuwrikzang en uit de vert
Dreuning van golven op de zandge kust, –
Toen kwamen daar we en voelden als voorheen
Ons één, één met onszelf, elkaar, Natuur.

33

Willem Wenckebach, *Duinlandschap,* ca. 1900, olieverf op doek, maten en verblijfplaats onbekend

36

37 Jan Hendrik Weissenbruch, *Duingezicht,* ca. 1900, aquarel, 22,6 × 29 cm

Kris Spinhoven, *In de duinen bij Castricum,* april 2014, olieverf op doek, 35 × 35 cm

38

Ed Leeflang Duinen

Zoals altijd is er een dierenspoor.
Er staan gewone brem, slangekruid,
ossetong en koekoeksbloemen. Sommige
konijnen begonnen een hol, maar
groeven niet door.

In de spaarbekkens hangt het water;
je zou er munten in kunnen gooien
als in het bassin van een fontein.

Bast is van jonge bomen afgeknaagd.
Zie toch hoe de dag werkelijk wentelt
en er van alles uit de tijd valt, ritselend,
hoe schelpen gaan, knerpend, hoe niemand
meer opraapt, hoe niemand meer ergens
naar vraagt, hoe de wind heengaat:
zonder geest te zijn van wat hij afrukt
verwerpend.

34

Elly de Waard

De wind dartelde af en aan
Als een jonge kerel op een
Tennisbaan. De linden om het
Huis staan scheef. Genegen in hun
Eerste groen wiegen ze verlegen
Als jonge meisjes om het
Veranderen dat ze doen. De
Heuvel gloeit van trots onder
De bloemen die hij torst: de
Hazewindekop van de narcis

In knop. En in de dalen
Achter zee echoot het van
De nachtegalen. Het klepperen
Van denneappels die onder
Het langsgaan van de felle voor-
Jaarszon openknappen, het klinkt
Als lekken van water, overal
Vandaan, een nooit gehoord geluid,
Zelfs op de grond springt het
Hun harde, houten kelen uit.

35

Weer en wind

Ronald Tolman, *'Riet', Terschelling*, april 1971, pen en papier in bruin en kleur, gedeeltelijk op blauw papier, 6,1 × 26,1 cm

39

40

Andreas Schelfhout, *De stranding van een schip bij Scheveningen*, 1837, olieverf op paneel, 60 × 76,5 cm

Jacob Israël de Haan In de zeestorm

Hoorden wij wind en zee stormen; het land
Sidderde diep en smalgebouwde dorpen
Achter het duin beefden onder de worpen
Van grof water doffend op het veeg strand.

Toen heeft al angst de dorpers opgeschoten,
Vrouwen en kindren, vriend en vreemd, des morgens
Op 't duistre duin, hoofd dof, harten vol zorgens,
Zochten ontzind naar de overvallen boten.

Wie bleef? Wie keert? De zee regent verscheurd
Water en schuim, dat slaat onze ogen blind,
Geen schip van 't dorp, dat zulke zeeën bouwt.

Als stormwind stilt, guur water kalmer kleurt,
Deint lijk van wat eens man was, broer of vrind,
Dat schommelt week tussen wat spoelend hout.

36

Chr. J. van Geel Achter de kust

De wind bewoont de zee,
het land, de ruggen van de bomen.

De heggen bouwen rozen, ruisen
verstrooit de wind.
Gras groeit een ketting naar de dood,
helm staat op zand waar zand verwoei.

De door de wind tot op de grond
gebogen bomen houden voeling met de wind,
verliefd op stof kruipen zij op de knieën.
De wind bukt dieper, plukt blad.

37

Charles Donker, *Struiken in de wind op Terschelling*, 1976, ets, 10 × 21 cm

41

Willem Hussem

de wolken leunen
over de schouders van
het boetveld
de wind kruipt door
de mazen van het net
waarin de zon
gevangen zit
de weg is veilig
voor een regenboog
het licht verspringt
van violet op groen

38

42

Willem Hussem, *Compositie met blauw*, 1964,
olieverf op doek, 80 × 120 cm

Herman Gorter

Het witte westen en de overval
van wolken en er is een dof geweten
over de reeksen boomen van den keten
en van den ingesmolten duinenwal.

Zonder spreken staat 't duidelijk getal
van boomen voor de wijde open reten
die achter zijn en boven 't dwarsche meten,
in 't droevige nevelbegaande dal.

De dag was vol van starre pijnigingen,
verlooren loopen nu de zachte lijnen
over geboomt-bemoste zandehoogten,
die in den avond als de sterke hoogten
van droefheid in langdurig weedom zijn en
stil in de overvallende reinigingen.

39

Willem Thies Strand

Het gras stroomt langs het duin.
De hand van de wind strooit het zand uit.
Het suist door de wirwarstruiken.

Voor de ingang van het paviljoen
stampt een man zijn schoenen op een rooster.

De wind wikkelt een vlag rond
zijn mast en houdt hem vast.

De man klopt zijn broekspijpen blauw
ontslaat zich van het strand.

40

Uren en seizoenen

George Hendrik Breitner,
Bij Dekkersduin, Den Haag, 1885, olieverf
op paneel, 20,5 × 39,5 cm

44

Pieter Post, *Duinlandschap met een hooischelf*, ca. 1633, olieverf op paneel, 53,3 × 79,5 cm

Guillaume du Bois, *Duinlandschap bij avond*, 1649,
olieverf op paneel, 45,7 × 63,5 cm

45

46

Eduard Karsen, *Uitzicht uit het huis van Verwey op Noordwijk*, 1890–1895, olieverf op doek, 31 × 49 cm

Albert Verwey Op de Hil

De duinrug ruist uit zee en van de dorens
Die in bleek loof oranje bessen dragen
Glooit naar het dorpje 't groene en vlakke veld.
De pijlpuntspits steekt op de plompe toren's
Vierkante wanden uit: de rode daken
Liggen boers-goedig door elkaar geheld,
Maar 't groen dringt om en door het dorp als tuilen.
Dan golft de grond: uit heuvlingen en kuilen
Spreidt zich die boomgroei landinwaarts: mijn ogen
Gaan door dat paradijs zo vrij en veilig.
Verborgen schijnt elk hoekje: minnaars mogen
Er dwalen: hun vertrouwlijkheid houdt heilig
De dichtbegroeide streek. En nog meer zekers
Groeit door 't bewustzijn dat op woud van brekers
De zee raast die de duinkaap houdt omtogen.

41

Elisabeth Maria Post Herinnering (fragment)

[...]
Hoe dikwijls bragt gij op dit uur
Mij van uw gastvrij dorp, uit uwer vrienden wooning,
Door 't zwaare duinzand heên, naar 't eenzaam Zeedorp t'huis,
Natuur onthaalde ons dan op wisling van vertooning.
[...]
Wij zworven door het woeste duin,
't Lantaarentje in de hand, geleid door zijn geflonker;
Soms blies de wind het lang gezweepte lichtjen uit,
En eensklaps stonden wij in het verwarrend donker.
[...]
Soms viel de regen klettrend neer,
Het pad was een moeras: de woeste zeewind blaasde
Door 't kronklend duinpad guur en woedend op ons aan,
Terwijl de zee van ver geweldig dondrend raasde.

Soms deed de kou op 't schoon azuur,
Het flonkrend starrenheir met dubblen luister gloejen;
Soms scheen de maan zo zagt, op 't grootsche duintooneel,
En deed ook in ons hart een tedre kalmte groejen.

De weg was meestal doods en stil;
't Was zeldzaam zelfs dat mensch of duin-raaf ons ontmoette;
De lampen waren meest bij al de visschers uit,
De klok sloeg dikwijls *één*, bij onze laatste groete.
[...]

42

Willem Roelofs, *Duinlandschap in somber weer*, 1845,
potlood en penseel in grijs, 18,2 × 27,1 cm

47

48

Jozef Israëls, *Oude vrouw in de duinen*, 1880–1900,
olieverf op doek, 86 × 121,2 cm

Frederik van Eeden Na Zons-Ondergang aan Zee

Zonne stervend zonk in zee, –
en een wijde wade spreidde
op de breede kimme neer
't wolkenheer.

Eenzaam ruischt de duistre zee, –
langs der duinen ruige kruinen,
als met droeve doodenklacht
zucht de nacht.

Eenzaam, eenzaam ruischt de zee,
slaat de kuste zonder ruste,
moeder aarde ligt alom
doodsch en stom.

Op het woelend vlak der zee
wislend dansen kille glansen –
starre lach der doode maan
staart mij aan.

Dreigend, dreigend druischt de zee! –
'k Zie een grijzen nevel rijzen –
komt uit 't groote zonnegraf
op mij af!

Red mij, red mij van de zee!
Red mij, aarde, die mij baarde!
Vaal-gewiekete oneindigheid
naderschrijdt! –

43

Marie Boddaert Zomers duin

Nu wil ik niets zijn dan een kleine stem,
Heel needrig sprekend van de mooie dingen,
Die me op de klare zonnedag omringen
In 't warmzacht duindal, waar de gele brem

Zo gul haar gouden bloemenrei laat zingen.
Gegroet, bruin bijtje! – riep-je, bloemen, hem? –
Gons zacht, dat je haar zang niet overstem
Door 't zwartgetoon van je gonsjubelingen.

Heel stil de lucht die 't duinrijk stil omsluit;
Heel stil giet zon haar goudgeel daarin uit;
Vlindertjes luchtig door 't lichtblije wuiven;
Dwergeiken, donkre tuilen boven blond
Van duinhelm, staan breeduit. Groot al in 't rond,
Dreunroep van zee, die over 't strand komt stuiven.

44

Edgar Fernhout, *Duinlandschap met gezicht op Alkmaar*, 1956, olieverf op doek, 65 × 99,7 cm

49

Herman Gorter *Mei* (fragment)

Nu op het steile duin, zie waar ze staat,
Tusschen het helm dat waait, om haar gelaat
Wind en haarlokken, en een hooge val
Van stroomgoud achter haar, alsof de hal
Des hemels leeg liep langs vergulden trap,
Onzichtbaar 't blauw van goud, in handgeklap,
Uitwuivend linnen en een geelen gloed.
Hoe eenzaam blijft de zee nu zij het land in spoedt.

En nu haar tooverige bocht begint,
Zoo drijft de maan den hemel in, de wind
Steekt zoo op – laat nu ieder zien naar haar.
Want wie dit eens zag, heeft het lange jaar
Vreugde genoeg en ook in wintertijd
Ziet hij haar oogen nog. Ze huppelt blijd,
Op maat schom'len haar armen als de ra
Van 't schip in golven. En de wind loopt na,
En zij loopt door het gouden zonlicht, nu
In heete gletschers zand en dan waar 't luw
Is.
    Binnen alle duinen waar zij klom,
Heetten haar die valleien wellekom,
En baden of ze bleef; stond niet een rij
Van blauwe en geele bloempjes zij aan zij
Geschaard, zooals menschen in een theater.
Zij zeiden alle hare namen, 't water
Komt daarbij in den mond, de geele nelken
En vroolijke violen die de kelken
Zacht bengelen doen door het grazig mos,
En koude sneeuwklokjes bij kreupelbosch.

45

Dat te vergeefs; maar eenmaal leek haar doel
een effen duinvijver, een vogelpoel,
Die 'n zomerdag niets doet dan spiegelen
het schone vee dat de lucht afweidt en
Zich samen naar den stal beweegt waar ver
Al zware rund'ren liggen en een ster
Des avonds brandt; zoodra die avond komt,
Dalen daar vogels in, het bijke bromt
Langs heuvelhelling en de flauwe echo
Der avondzee komt door het duin, en stroo
Wuift neigende. [...]

Gerrit Krol Zomer

Het land is warm.
De weg is wit.

Het duin is leeg.
De zee is stil.

De zon is grijs.
De dag is heel.

46

Joost Doornik, *De Coepelduinen bij Katwijk aan Zee*, 2010,
olieverf op doek, 31 × 43 cm

50

Sjoerd Kuyper

’t Was herfst en de noordenwind, die wilde
graag lid worden van Mooi Waaien.
Hij moest meteen de Eekhoorn doen.
Moeilijker kon niet.

Wij zetten de konijnen in
de schuur, de geur van winter
drong tot in de spijkers,
eilanden sneeuwklokjes wandelden

tussen de bomen, de groene specht
ging met zijn gele reet
als een zwaailicht door het bos

en na één jaar, zo knap!,
kon de noordenwind de Eekhoorn.
Hij nam de bruine blaren op,
blies ze samen tot een lijfje

en een staart en… roetsj,
precies in onze ooghoek,
daar dwarrelde een eekhoorn
langs een berkestam omhoog.

De noordenwind was meer dan
welkom bij Mooi Waaien – zo begon
de Gouden Eeuw van Bakkum.

47

Sientje Mesdag–Van Houten, *Duinlandschap met schuurtje,* ca. 1880–1900, olieverf op doek, 46 × 76 cm

51

Eric van der Steen Duinwandeling

Tot schade van wie nog met room-ijs leuren:
hoe is de zon sinds maandag afgekoeld!
Allicht zijn herfst en winter goed bedoeld,
maar na de zomer zijn zij zwaar te beuren.

Voorlopig proeft men bloesemloze geuren,
want weer zijn olievogels aangespoeld.
Het is wel zeker, dat het zand niets voelt.
Ik kan mijn dode dromen niet betreuren.

Een den is door de zee-wind dood gebogen.
Een zeemeeuw roept, vergeefs, een hese gil.

Mij raakt een hand. Zij lacht. Geluk is stil.
Lachende harp, haar onderlinge ogen –

en 't regent langs mijn mond, die niet meer wil
bidden dat het altijd zo blijven moge.

48

Chris J. van Geel 12 sept. '69

De bomen klimmen tegen duinen op
en houden warmte vast, ik daal naar land
de polder in die tussen dijken zich
verheft.

Het is september en het najaar treft
een streep koud water onder sterren, stilstand
en dood, soms is de koelte voelbaar van
een sloot.

Ik loop het karrespoor van steenslag langs
om mijn vertrouwen op de proef te stellen,
om van het water vlucht te voelen in
de nacht.

49

52

Dirck Nab, *Zomer* (in de duinen bij Bakkum), 2012-2013, olieverf op doek, 110 × 140 cm

Germ de Jong, *Winter in de duinen van Schoorl*, 1941,
olieverf op doek, 61 × 81 cm

53

Herman Gorter

Moêduinen groenflakkerend, witlicht, zwaarzandduinen,
waaizee helm, stille tuinen
van zachte helm in beweging, zachte helm stil zachtwaaiig in zomerbeweeg,
hè, de gaande wind over de de duintoppen in het vol leeg
der onderdewolke lucht,
de over den grond daar ver stromp'lende lucht.
Door de blikke ruiten van de beglaasde kamer,
de hangende ramen neer in de kamer,
onder den kap der kamer, de praalruiten
en ook het zilveren verzilverde praalbuiten.
[...]

50

Sientje Mesdag–Van Houten, *In de duinen*, 1880–1900, aquarel, 35 × 51,8 cm

54

J. C. Bloem Avondduinen

Met de avond worden de duinen eenzamer,
Luider aanhoudend wordt het zeegeruis,
Een schip de van 't omheen vervreemde kamer,
Een alleen eiland het geluidloos huis.

Eenzamer dan de duisterende paden,
Die van het huis naar 't eeuwig ruisen gaan,
Is 't hart dat, onherroepelijk verraden,
Elke dag weer van niets moet voortbestaan.

51

Anneke Brassinga

Het tegenbeeld verwijst het zuiverst naar
wat niet in bewering is te vangen –
alle de bladeren aan al de takken van alle bomen

in de min of meer wijde omtrek waren zachtjes
aan het trillen op de windstilte van een lang licht
blijvende avond; nooit zijn verleden dagen zo
dicht bijgebleven als om het vrijstaande huis

in de duinen, laat in de nacht tegen de ochtend
zagen wij een opgaande einder achter het raam
als gloeide een heuvelrand boven het meer ach

natuurlijk was er geen meer, wat lichtjes brandden
aan de verder onzichtbare oever, 't was doodstil
in een heel ander huis, een andere winterse nacht;
het tegenbeeld diametraal zegt zuivere waarheid.

Sindsdien ben ik een minder dan tot daar
alsof de schoonheid iets heeft vastgelegd, niet is
voort te zetten: levend achterwaarts bergafwaarts.

52

Mens en werk

Philip Sadée, *Scheveningse vrouwen bij het nalezen van een aardappelveld*, 1874, olieverf op doek, 61 × 121 cm

55

56

Claes Jansz Visscher, *Blekerij buiten Haarlem*, 1607,
pen in bruin, 12,7 × 18,9 cm

Jan van de Velde, *Boerderijen aan de duinzoom*, 1615–1630,
pen in bruin, bruin gewassen, 19,5 × 31,3 cm

57

58 Paulus Constantijn la Fargue, *Gezicht achter de duinen bij Scheveningen*, 1767, penseel in kleur, 19 × 25,5 cm

Johannes Bosboom, *De uitspanning De Bataaf in de Scheveningse bosjes*, 1874, aquarel, 22,6 × 33 cm

59

60

Jozef Israëls, *Schilder in een tulpenveld*, ca. 1880–1900, potlood, pen in grijs, 12,6 × 18,1 cm

Anton Koster, *Tulpenvelden*, 1900–1920,
olieverf op doek, 30,4 × 44,9 cm

61

Hans Tentije Binnenduins

Soms vind je iets van aquamarijn, een door de zee geslepen glasscherf
of een van iemands tuniek afgerukte, geoxideerde
bronzen knoop en het verschil dat er nauwelijks meer te maken is
tussen een zich uitwerpend anker en elkaar
kruisende sabels, de schakel van een bedelarmband
waaraan een klein geluksmuntje bungelt
langs de paden die de schelpenvissers hier ooit
baanden, in lieslaarzen voortstappend
naast het hoge zijschot van hun kar, en in de verzonken
sporen de jarenlang gemorste schelpen
zodat hun binnenduinse, slingerende traject, tussen stuifplekken
en hellingen door tot aan de stet, de stortplaats
gaandeweg verhard werd – hele stukken liggen er nog
en nog even ongeschonden, maar opeens
lijken ze verdwenen, om dan vele honderden meters verderop
onverhoeds achter dicht struweel of aan het eind
van een vallei weer op te duiken, alsof er flinke gaten
in het geheugen van de jaren, het landschap
zijn gevallen, waarin ook karren en paarden, nadruipende schepnetten
verloren gingen, samen met de lorries die over de smalle
rails naast de bestrating hun vrachten het dorp
uit voerden, evenals de schepen en de kalkovens in Akersloot –

53

Jacob Groot De Tulpen

In een verscholen hart is toevlucht
voor dit licht dat traag lag geronnen
en nu wild breekt op de vrucht
die branden zal in rijen lampionnen:
de tulpen staan geschilderd in de lucht.

Zo innig, zo verblindend zichtbaar
gemaakt binnen de stille ramen –
voor een briesje een draagbaar,
maar de stormwind roept ze toch liever samen:
hoor het geluid van tulpen langs elkaar.

Eén tulp is wonderlijk – neem heel veel
tulpen: dichte wolken op de grond – zet
messcherp daglicht op hun keel,
en laat ze regelrecht vlammen van hun bed:
grootheid gewonnen in een oud gareel.

54

62

Carel Nicolaas Storm van 's-Gravesande, *Nettendrogen in de duinen*, ca. 1900, droge naald, 34,7 × 49,3 cm

63

Jan Toorop, *Nettenboetsters*, 1899, droge naald en potlood in kleur, 15,8 × 18,7 cm

Albert Verwey

In 't duindal waar de kronkelpaden kruisen
En 't avondlicht het spichte helm bevliegt,
Is 't ruisen dat het luistrend oor bedriegt,
Waaronder scherp de harde schelpen druisen.
Het wolge wild verlaat gerust zijn kluizen:
Geen jager vreest het die dien vreê beliegt.
Knaapjes op klompen op wier schouders wiegt
De mand met ruig gaan 't dal door naar hun huizen.
De zee ligt stil: de vissersvloot aan 't rijden
Voor anker heeft gespreid het leedge want.
Vrouwen en kindren gaan langs 't plasrijk zand
Pratend en dansend 't vissersvolk bijzijden.
De rust van morgen zal het week-werk wijden –
De zee spoelt stil om 't uitgestorven strand.

55

Albert Verwey Netten boeten

Zomerse dag, blauw-blij'ge, wijd en zijd, –
't Duin, groenig, zanderig-doorschijnend leit, –
Landschap van duin, schauwvoll', blauwig gespreid,
Toppetjes' licht, daletjes'-wazigheid
Ver in de kimme-luchte deize-dazigheid: –
Zwarte want-netten strakkig uitgebreid,
Boetsters, doek-proppig breed aan d'arrebeid;
Hól-rollende als een bom op bank als 't tij omtijt,
't Duin-holle langs een ronde rode meid
Rolt tussen 't troepje in dolle vrolijkheid.

56

Simon Vestdijk Onverwacht landschap

Hier werd een vierkant land geordend.
Van de steilten van 't omsing'lend duin
Springen dennen naar de witte borden
Van een kweekerstuin.
Naar een wei met koeien, laan met banken
Voeren trappen. Druk verkeer
Moet men niet wachten op hun planken, –
Maar daalt iemand neer,
Schijnt het hem of midden in de duinen
Eén reusacht'ge harkslag is gedaan:
Waaruit die wei ontstond tusschen de schuine
Wallen en de rechte dennenlaan.

57

Vincent van Gogh, *Aardappelveld achter de duinen*, juli 1883, penseel in grijs, bruin en wit op getint papier, 26,6 × 42,9 cm

64

Duinbouwsels

Titus Meeus, *De watertoren bij Monster*, 2011, aquarel, 25 × 50 cm

65

66

Johannes Bosboom, *De watertoren in de Oostduinen bij Scheveningen in aanbouw*, 1873–1874, aquarel, 46 × 34 cm

Jan Abrahamsz Beerstraten, *Egmond aan Zee van de zeekant gezien*, ca. 1660–1663, grafiet, penseel in grijs, 17,1 × 48,1 cm

67

Gerrit Achterberg Vuurtoren

Hevig hart van lampen in kristallen kelen,
zeldzaam samenstel van glas en licht,
ingeboren eeuwigheden.
Doel en wil bijeengebleven,
in een diep eendrachtig streven
om zichzelve te beleven
in een schaduwloos geheel.
Met aan uw voet het zuiver duister
van de zee tot uwen luister.

58

Charley Toorop, *Vuurtoren bij nacht, Oostvoorne*, 1915,
olieverf op doek, 100,3 × 75,5 cm

68

Peter Ghyssaert De vuurtoren

In oude, troosteloze duinen staat hij,
straks geen draaiend lichtoog
dat de nacht galvaniseert van schrik
en schijnt tot aan de grenzen van de hel,
maar een gebroken lamp; kapot juweel
waarin het stuifzand draait
– die eerst het meeste licht bezat
is dan zo duister dat het zwart
bij hem naar binnen straalt
om op zijn bodem te verdiepen.

Een door wind gezouten flank verjaart,
maar niet tot duurzaamheid. Verf gaat eraf,
een langzaam eb van vrolijk rood,
het laatste, tot verlies
verenkelvoudigde getij.

Storm duwt zand op; heuvels
zullen op zijn magerte inrijden,
eens geschapen tegen het verraad van wie
nu zelf als brakke boot
op woedend land is wrakgelopen.

59

Piet Mondriaan, *Vuurtoren bij Westkapelle*, 1909–1910,
olieverf op doek, 45 × 35,5 cm

69

Ida Gerhardt Onder de Brandaris

Dit is het huis genaamd de duizend vrezen.
Hij die er slapen wil hij zal er waken.
Een oppermachtig licht slaat er zijn kruisen.
Met interval van donkere seconden
waarin de branding zwaarder schijnt te ruisen
verschijnt een mene tekel op het laken:
en wat geweest is, het wordt zwart bevonden.
Ik was hier 's nachts, ik was in duizend vrezen,
vrezen des doods, waarvan ik niet kan spreken,
in een gericht van licht alleen gelaten.
En aan de dageraadsrand alleen gebleven,
met licht getekend en genoemd met name,
van onuitwisbaar licht het zegel dragend.
Wat ik geschreven heb heb ik geschreven.
Hij doopt met licht. Ik waag het hem te vrezen.

60

Frank Herzen Vuurtoren Eierland

Besneden penis licht.
Krampachtige windvinger,
schepenvanger.

Schichtig licht
dat op het einde van het land
de wadden nagelt in de nacht,

de toppen van de duinen schroeft
en dronken van het donker
het zonlicht wacht.

61

Sjoerd Kuyper

Geloof de leugens niet,
de trotse verhalen
van dammen en dijken
– dode reuzen zijn het!

Ik zal je dat eens
laten zien, tussen
Camperduin en Petten.
De Hondsbossche

lijkt van steen, beton,
puur basalt… maar nee,
het zijn de vingertoppen
van de reuzen,

afgeslepen door de zee.
Geen rechercheur
Kan daar iets mee –
nooit zullen wij weten

wie zij waren,
hoe zij heetten
en hoe hartstochtelijk
zij van de dwergen hielden.

62

70

Jacobus Gerardus Veldheer, *De Hondsbossche Zeewering*, ca. 1900,
pen in zwart, 7,3 × 20,6 cm

71

Kris Spinhoven, *IJmuiden gezien vanuit Bakkum*, 2013,
olieverf op doek, 35 × 35 cm

Paul Rodenko Vuur aan Zee (fragment)

Schepen kranen mensen maskers
En in 't centrum de oerkracht: vuur

Vuur dat van verre de ertsschepen trekt
Vuur dat in 't erts het ijzer wekt
Vuur dat het ijzer staalt
Dat op de mens afstraalt
Dat in de mens krachten wekt
Van vuur en durf

De mens is hier hecht met het vuur verbonden
Tot één organisme
Hij is aan het vuur gebonden
Als de danser aan 't ritme
Het lijf aan zijn ruggegraat
Hij kent het: bloem, hurkende kat, tornado
Gevaarlijk moederdier
Vuur, offervuur, vuist van vuur
Razende boom van vuur
Lover van vonken
Hij is aan het vuur geklonken
Oog in blazend oog

Zo houdt het vuur de mens gevangen
Zo houdt de mens het vuur gevangen
Zo stelt in het teken van ijzer en staal
Vuur mens, mens vuur de wet
Zo scheppen vuur en mens
Een nieuwe vormentaal

63

Hans Tentije Petten – de ECN-centrale

Gehelmd, ommanteld, veldheergrijs
staat hij op het duin, alsof er van de kant van de zee
nog van alles te verwachten is en hij dat tij
onmiddelijk moet zien te keren

stukken wrakhout, jerrycans, ontwrichte kratten
en beunen, slierten touw, zielloze
drankflessen, een teenslipper soms, een rottende bruinvis
als een feest voor de loslopende honden
die zich wellustig wentelen
in de smurrie, de niet te harden stank
daar beneden hem

terwijl het gist in zijn binnenste
en kolkt in zijn aderen en in de muien van zijn hart
doemen, centrifugaal, röntgenbeelden
van tumoren, fracturen, tandwolf, tuberculose
als in een steilewandrace op –

iets landinwaarts, waar de geestgronden beginnen, spreidt
een tractor zijn gigantische gifarmen
boven een ontluikend bollenveld uit en gaan
met gebogen hoofd een paar ziekzoekers
tussen al bloeiende, eerstdaags en masse gekopte
dichte rijen tulpen door

maar tot wie richten de stemmen zich dan nog
die, in de wind geslagen, de pijnen, de kreupele dennen
zijn blijven omruisen, hier

64 in hun morsige godenschemer, tot wie?

Menno Wigman Onder de reactor

Hier is Holland een scheur in de natuur
waar kale mannen redden wat ze redden.
Hier roddelt de reactor vadsig en
verzuurd over een dorp dat leven wil,
het kustvolk dat maar duurt en duurt.

Wie onder de reactor woont, verplant
zijn angst of hij vertrekt. En wie hier werkt
buigt met een machtig brein de bliksem bij,
krijgt onvermoeibaar splijtstof klein.

Avond. Op straat gaan slaafs de lichten aan.
Het is ons brein dat geen defecten duldt
en dorp, Bach, bed, stad, hemel – alles blijft.

In Petten zijn de duurste huizen grijs.
In Petten spookt het van oneindigheid.

65

Aantasting

Jac. van Looy, *De aanleg van het Noordzeekanaal,* 1870–1875, zwart krijt, 22,5 × 54 cm

Jan G. Elburg Kennemer Duinen

IJmond terzij doen zij
zich heerlijk open,
geheel verfrist na zuurtjes van de regen:
hoogovensmog blancheert de blanke top,
een chemisch Prikkebeen
in duindoorn slaat
zijn net naar langverleden blauwtjes.

Achter de zeereep: R.I.P.
van olie op de golven
waar ebbenvloed zijn carter heeft ververst.
Dikingevetten bouwen Hollands Tuin
in plastic kratten na,
Wolfdieter rapt en danst
van bloedverlies op blik en splinters gras.
Hij daar!

Ik hier
bezoek gestorven stilte.
Vliegtuig trekt luidkeels opgetogen
– van zuid naar noord naar zuid –
slogans voor luchtvervuilen
onder de hemel door
een galm van autoraces.

En over kruinen rijst
de verticale kim van 't hoge recht op wonen:
uit dertiende verdiepingen
beloert optiek van Nippon
wat ik loop te doen.
66
(Spook van de hondsroos, rachiteuze eierschaal,
gebronsde pijn geworteld
in aluminium),
ik jank hier – bijna, kijk maar –
om kapotgetrimde bloemen.

Dick Hillenius Profijtbeginsel

De boer steekt vuur
in de nutteloze houtwal
laatste vluchthaven voor de oorspronkelijke bewoners
Boortorens verbreken
de Waddenzee, de duinen
De jachtopziener graaft vossen uit
goede premie
schiet clandestien een havik
(de fazanten van zijn textielheer)
De huisvrouw heeft nog steeds een wit sopje
de reclame bewijst haar meerderheid
alsook het rottende binnenwater
De walvisvaarders, de zeehondenvilders
de winkeliers in dieren en vergeet ook niet
de gemotoriseerde zeepierenvanger
De wegenbouwer legt wegen
tussen de laatste huizen die nog onverbonden waren
het netwerk – grommend, stinkend, door alle zintuigen bin-
nendringend – is onontkoombaar
De ratten zouden nu wel
het zinkend schip willen verlaten
maar geen land meer te bezeilen
de zee is dood

67

73

Aat Veldhoen, *Bunkers in de duinen bij Bergen aan Zee*, 1956,
ets en droge naald, 24,8 × 36,7 cm (beeld)

Dirck Nab, *Wijk aan Zee* (de Hoogovens gezien vanaf het duin),
6 maart 2013, zwart krijt, 32 × 48 cm

74

Lucebert strandwandelaar

de zee de zee in schrik en nachtkleed
sluipende vissen holtedieren stekelhuidigen gebed
in plankton. de transparante parasiet zit
op het gepantserde zeepaard. heel het
waterig parade- of camouflageleger houdt audiëntie
van achter het voortstuwingsbureau van de branding

de lege eenzame mens voelt op het dode zand
van het strand onder de gehelmde vuist van het duin
in een kuil vol vies papier etensresten in een krant
klam hout en hier en daar de eeuwig blotere kwal
niets voor de beweeglijkste aller moeders dan
weerzin woede misschien en wanhoop in elk geval

als hij niet heeft meegenomen
zijn koffergrammofoon barst hij uit in een luid
uitdagend antiek lied:
(wanend zich het monster door de noordenwind verwekt)
jong schoon wrak blind moordende heb ik ontlokt
doodsnoodkreten aan een in weelde badende havenstad

maar na de hybris de hydrofobie
door de bruine nacht met natte knie zijn schoenen vol zand
rent de strandwandelaar weg weg ver in het land
en dieper nog tot waar hij zich bijna brandt
tot pal op de kachel daar met in zijn ene bevende hand
een kop koffie in de andere mestvet een landelijke worst
zet hij een nog hogere rug een harige houten uit angst
voor die van honger huilende muil voor zijn eigen onlesbare dorst

68

Hans Tentije Schoorl – De Kerf

Ver van de verloederde badplaatsen
maar net niet ver genoeg, snijdt, snijdt dit
misschien toch niet diep genoeg in om de ziltminnenden
weer mee te brengen, zoals lamsoor en vlotgras
of, o god, parnassia

de afgegraven duinenrij, de zandvallei daarachter
die herfststormen en springtij
overtuigen moet, moet overhalen –

bevuilde windselen omsluieren
geboorte en dood, en raadselen blijven
schemering, ochtendgloren, zonsverduistering, bloesem
en vrucht, de spinsels en ondergrondse
schimmeldraden, het meerstemmige, veelkelige
vogelgezang, die ene ontbrekende
onmisbare toets

wolkenstrepen, voortkruipende windveren
tekenden een golfpatroon van ribbels op de bodem
van de kom, het water heeft, toen
het zich terugtrok, er een dun, alggroen laagje
op afgezet, modder niet eens –

voorzie, zee, in het onvoorzienbare
en laat het voor vermoeide trekvogels een roestplek zijn
waar ondanks alle rotzooi en stookolieresten
zout en leven, leven is

69

75

Rein Draijer, *Duinlandschap*, ontwerptekening voor een zomerpostzegel, 1980, penseel in kleur, 18,5 × 27,8 cm

Wim Bettenhausen, *Het Zwarte Pad over de duinen bij Scheveningen*, 1976, ets, 37,7 × 47 cm

76

Remco Campert Landschap

Andere straten
andere huizen
eens in de zoveel jaar
vernieuwt zich mijn vel.

Gegroeid
voller van blad
staan sommige er nog
de bomen uit mijn jeugd
maar de meeste werden omgehakt.

Konijneholen bungalows
zandpad een snelweg
en waar op zondagmiddag in het duin
de paartjes te neuken lagen
staat nu
een verzorgingsflat.

Een heel landschap
verloor ik voorgoed
onder mijn voeten
werd de grond anders
en die bomen
ik voel hun schors niet meer.

Andere ogen voor dat landschap
voeten voor die grond.

Beweegt de trein waar ik in zit
of die op het nevenspoor?

De tijd onttrekt ons.

Vaarwel.

70

Joost Zwagerman Terug naar de kust

Summer near the city: de smalzee
vaatwast veil het Faktor 10-publiek.
Stremsel van olie en roomijs ragt de vloedlijn af,
receptuur van voorvocht annex pierenbad.
Dichtervorst en troubadour balden hier
de vuist tegen wolkbreuk en golfafslag,
vuist is nu de zandzweethand
die gesmeerd de dagjesmens
laat oprukken uit vliegenstad.
Hef hoog die bal, importeer een westenwind
graaf en gieter voor de kwallenwacht
zing desnoods de wapper van het oelezand,
aardbei & vanille, zon op kop als kinderwant.
Een verre daar vertrouwend op zijn herdershond
die meteen de tanden toont als mevrouw wildvreemd
hem weg wil hebben maar kom nou toch hij blijft
trekken waar hij trekt achter duinrand ver van
wandelaars en zonnebrand en mevrouw weet niet
waar ze kijken moet als hij het zaakje brandend
in de kwakhand zandt en hij hakken over rood
doet alsof zijn kuthond buikend in de vloed belandt.

Wijzelf netzogoed. Tussen de schermen
zompt de bolderkar en waait kek de braakselvlag,
medeplichtig aan de odyssea van het hoogseizoen.
Ver voor de einder slaat eb de pirouette,
drassig boobytrapt inmiddels het gedierte.
Zie hoe met het vallen van de frisbee
de dorpse bard zich roerloos omdraait in
het tinbezinksel van zijn sokkelgraf:
mushroom was here, en alle dichters moeten nú een BMW

Wie heeft hier de woorden nog?
Luidkeels jankt in zelfvervetting
avondland dat eeuwig ondergaat:
patatje kustlijn graag
drie struifmolens met ijs
en viermaal halvemaan.
Poel heiligt de middelen
gaat u zitten?
Ik wil gaan.

71

Duingenoegens

Gerrit Claesz Bleker, *Duinlandschap met hertenjacht*, ca. 1628, olieverf op paneel, 78,5 × 136 cm

Hendrik Snakenburg Vermaak van het meeuwen schieten bij buiig weer aan zee

Wat giert de barre wind onstuimig langs het strand
En waait mij in 't gezicht een ganse zee van zand!
Hoe vreeslijk bruist de vloed, terwijl de hagelvlagen
Door 't zwepende geklets de golven strandwaarts jagen,
En 't pekel boven peil doen zwellen tegen 't duin,
Dat nauw'lijks boven 't schuim zich uitheft met zijn kruin!
Geen schuit durft van de wal. De werf zelfs, in dit woeden,
Kan nauw'lijks, bij de vloed, de schuit voor 't vlotten hoeden.
Geen vogel kan in zee bij zulk een weer bestaan.
De wind drijft hem langs 't duin gestadig af en aan.
In zulk een vreeslijk weer dat ieder kan versagen,
Kan mij, tot mijn vermaak, de zeekant meest behagen.
Een uitgedolven duin, met helm dicht ombeplant,
Bedekt mij voor de wind en 't stuiven van het zand.
Dit is mijn hinderlaag om, als de vloed gaat wassen,
Van ver met schietgeweer de meeuwen te verrassen
Die, scherend langs het duin, gedragen op de lucht
En drijvend tegen wind op zwaar gevlerkte vlucht,
Zo heim'lijk uit het hol met vurig lood getroffen,
Als wolken uit de lucht in 't schuimend water ploffen.
Hun sluwheid om gevaar t'ontdekken en t'ontgaan
Geeft ons vermaak dit dier door listen te verraên.
Die lust zal mij niet licht door nat of kou begeven,
Als maar de meeuwenvlucht komt langs de duinkant zweven.
[...]
Mijn enige plezier bestaat in wisseling.
Mijn stille bezigheid, door die verandering,
Verlustigt zich in 't werk en ruwe moeilijkheden,
Om dus gezond te zijn door 't roeren van de leden.
De zinnen spelen mee, om zo, als uit de lucht,
De vogel met de hand te grijpen in zijn vlucht,
En met een dubbele list de sluwe te verkloeken,
Die schuilplaats voor de wind hier onder 't duin kwam zoeken.
Zo krijgen tegelijk de zinnen en het lijf
Hun nodige oefening in lustig tijdverdrijf.

Anton Korteweg Jacht

Ik hou er ook niet van. En niemand die niet zelf.

Maar in de bruine, stekelige duinen,
stampend tegen de storm, onvrede in het hoofd
die als een voetzoeker die haken slaat tekeergaat,
is me het bar cliché van doffe knallen als
een sauna voor het oor – een echt geweer,
bebloede vacht, kapotte kopjes hartje Randstad,
dat dat nog kan! Nu ook een voor mezelf.

73

78

Job Graadt van Roggen, *Duingezicht*, 1918, linoleumsnede in drie kleuren, 39 × 53 cm

Hélène Gelèns

in ongeremd rennen
volg je het pad tot je het pad tevoorschijn rent
ren je de zon tevoorschijn en een duinvallei
het mulle zand het helmgras het geruis van de zee
ren je de zee tevoorschijn een steeds onmetelijker zee

74

Albert Verwey Baders hartewens

Dwars door de tuinen
Van roos en ranken
Zich 't pad te banen,
Dan door de lanen
Van zand en dennen
Vluchtig te rennen
Tot waar de kruinen
Van hoge duinen
In 't blauwe blanken,
En zo te naadren
Met zwellende aadren
In laatste loop
De harde golven
En, overdolven,
Hun koele doop.

75

Willem Bastiaan Tholen, *Afgraving*, ca. 1890, olieverf op doek, 30,5 × 52,5 cm

79

Jacob Winkler Prins Wij tweeën

Wij zochten 't strand der eindloos verre zeeën...
Door 't mulle zand was 't wandlen geen verblijen...
De branding zong 't aantreklijk lied van vlijen –
Dof was de grondtoon, zwaar van sombre weeën.

Eén voet vooruit en twee teruggegleeën,
Of één terug bij twee voet voorwaarts schrijen,
Zag 'k achter duinen altijd nieuwe rijen...
Wij gingen samen, hand in hand – wij tweeën!

De branding werd al luiêr. En als sneê er
Een scherpe wind het daglicht van de kimmen,
Werd 't voor onze oogen donkrer, binnen weeër.

Al flauwer werd 't omfloersde zonneglimmen
En altijd werd de rij der duinen breeër
En moeier onze voet van 't vruchtloos klimmen.

76

K. Michel Voorbij Bredene

Tot honderd tellen op het oberloze
hotelterras en constateren dat licht
een weelderig bezwijkgedrag heeft

Na het passeren van de billen van Bredene
het oversteken van de duinenrij en
het ebwaarts blootgetrokken strand
aankomen bij de waterlijn

en die volgen met de vuurtoren
van Oostende in de rug en je schaduw
reikhalzend voor je uit

terwijl de bos onbruikbare sleutels
zachtjes rinkelt in je jas en
geen maan de ene na de andere
ster te voorschijn laat komen

De sensatie zichtbaar te zijn
voor iemand met een sterk vergrootglas
lopend over het blauwe lijntje
op de kustkaart in de Bosatlas

Stilstaan, diep ademhalen
'hé schele' roepen 'lieve scheleschele'
Drie meeuwen schrikken geruisloos op
en zeilen uit met achteloos gemak
Onverstoorbaar snurkt de zee

Zonder noorden komt niemand thuis

77

Leven en liefde

Chris Lebeau, *Duinlandschap*, 1900–1910 (?), 15,8 × 25,3 cm

80

Anna Blaman

Ik droomde dat ik met haar in een duinpan lag
en eerst haar handen begroef en toen haar voeten
En toen ik haar geboeid en weerloos zag
begroef ik ook mezelf om haar weer te ontmoeten

De duinpan werd dieper dan de schoot der zee
en het zand liep op tot hoge golven
Ik dacht dat ze verdronk en ik dook mee
en stervend hervond ik me diep ingedolven

en leunend aan haar als het verdronken wier,
als tooi om haar borsten, zeedierwelpen,
en in haar oksels, wiergrotten, en dan ook hier –
haar dijen zijn uiteengeweken zeeschelpen.

78

J. Bernlef Geestgronden 6

Ik raak de duinen met mijn ogen aan en
meteen trekken de kleuren zich terug
tot in twee steenroodharde bessen –
oorbellen in de struiken gehangen
door haar die hier ondergestoven

Onaangeraakt haar verzwegen visioen
ademt naar de top van het duin
waar het in een vlaag verwaait –
voor wat rest zijn geen woorden

Ik ben gelukkiger dan ik ben
daarom heb ik geen weet van
de heuvels die mij traag omarmen
die mij terugleggen aan de borst
die mij naar binnen zuigt.

79

81

Gineke Zikken, *Westduinen*, 2013, olieverf op doek, 29 × 30 cm

Robert Zandvliet, *Zonder titel/Duingezicht*, 1999,
lithografie, 50 × 70 cm

82

J.C. van Schagen zeeuwse neveling

het sneeuwt dromerig
het geheim is gekomen
het is voor altijd

duinafslag, nu wéér
altijd dat verder wijken
en niemand weet meer –

verloren duinen
een kindertijd – ver in zee
en zo vergeten

zo stil en zo goed
het helm zachtjes wuivende
die oude duinen

niemand die nog weet
twee jongetjes die daar gaan
ze wisten ook niet

het hoofd duizelend
komt, mompelend in de nacht
het onhoorbare

80

Ferdinand Hart Nibbrig, *Duin en zee te Zoutelande,* ca. 1910, olieverf op doek, 42 × 59,5 cm

83

Toon Tellegen

Dat ben ik, die jongen,
in een grijze plus-four op een Franse fiets
op weg naar de duinen, met kortgeknipt haar
en pratend met mijzelf.
Dat is een leeuwerik, en dat zijn boterbloemen.
Ik heb het warm.
Ik weet niet goed of ik wel weet wat ik daar zoeken moet.

Het wordt al laat,
ik ben in een sloot gereden, mijn ketting brak.
Ernstig loop ik met mijn fiets naar huis.
Ik kon er niets aan doen.

Ik wil die jongen strelen als ik thuiskom,
mijn handen in mijn natte, zwarte haar,
mijn lippen op mijn stijf gesloten mond.
Maar ik ben schuwer dan ik dacht
en weet niet wie ik ben.
Ik loop voor mijzelf weg en verdwijn door een deur.
Ik zie die jongen niet meer terug.

81

84

Jan Wiegers, *Schiermonnikoog*, 1957, zwart krijt, penseel in kleur, 9,2 × 14 cm

85

Jan Toorop, *In de duinen bij Noordwijk*, 1902,
potlood en kleurkrijt, 16,1 × 21,5 cm

P. C. Boutens De wolken spieglen

De wolken spieglen in de zee.
Het is geen avond en geen nacht:
Geen schijn van zon of maan of ster
Vloeit door het hooge koele blauw
Achter het windloos vlotte zwerk:
Niets glanst in hemel of op aard
Dan enkel uw verklaard gezicht.
Het is geen avond en geen nacht;
De wolken spieglen in de zee.

Wij zitten bij den top van 't duin
Hoog in de bocht van 't diepe pad;
Laag ligt gelijk een bleek ravijn
Het strand voor 't duister klimmend vlak
Der groote huiver-effen zee.
Het is geen avond en geen nacht:
Niets straalt dan uw verklaard gezicht.
Hoog in de bocht van 't diepe pad
Zitten wij bij den top van 't duin.

Wanneer en waar was ik nog eens
Zoo hoog en stil met u alleen,
Dat zooals nu de fletse schijn,
Weêrlicht van zomermiddagbui,
Die vaagt door uwer oogen rust,
Aleenige herinnering
Aan droom van god en wereld leek –
Wanneer en waar was ik nog eens
Zoo hoog en stil met u alleen?

Wij zitten bij den top van 't duin
Hoog in de bocht van 't diepe pad.
Achter het windloos vlotte zwerk
Vloeit door het hooge koele blauw
Geen schijn van zon of maan of ster,
Het is geen avond en geen nacht:
De wolken spieglen in de zee –
Wanneer en waar was ik nog eens
Zoo hoog en stil met u alleen?

82

Hugo Claus

Grimmig gefluister tot de vrouwen hoort men 's avonds in
De duinen waar ik waak
En luister.
Tussen de hagen van moedwil, tussen dorens van wrok
Worden de knagende zinnen ontmanteld, groeien de stemmen
En opent zich de tang der lispeling:
'Ik zal je altijd beminnen.'

En herhaaldelijk groeit een bittere
Kern in dit spuwsel. Hoor:
'Ik zal je strelen en schenden en kwetsen je verlangen.'

'Ik zal je schaamlippen beklemmen
Alsof ik er tegen sprak.'
De jonge, jonge vrouwen geuren en de man duikt verblind.

Herhaaldelijk in dit luisterend duin
Verenigen zich de beminden,
Kerven zich ruimte om hun gekwelde ster van zaad
En drinken aan de mond van geweldig gras en helm
Raken schedels, lang en ontbottend haar van haat,
En de dag en de schuwe nacht leiden
Hun sporen in de geheimste vrucht.

83

Albert Verwey

De zee. De slankheid van de naakte lijven.
Het wieglen van de golven en hun lust.
Het langgestrekt de zomermorgens blijven
Half in het water, half op zandige kust.
Het dropplend rijzen, het geheven drijven,
Alsof het lichaam op het water rust.
Het tussen helmgras zoete dromen schrijven,
Door zon gebruind, door zeegezang gesust.
En niets meer weten dan de Grieken wisten:
De blauwe hemel en het blanke strand,
De naaktheid en de dans en 't warme gisten
Van 't bloed, als druifbloed in de zomerbrand.
En over alles heen de hoge goden,
Die vreeslijk straften wat zij zacht geboden.

84

86

Harry Kuijten, *Strand met strandkorven*, 1915,
olieverf op doek, 27 × 38,5 cm

87

Ekke Abel Kleima, *Duinlandschap op Texel*, 1939,
olieverf op doek, 60 × 80 cm

J. Hamelink Zeemorgen

Terwijl in het kiezelblank zand kinderen alweer grijpgraag
kuilen graven en huilen om de hitte
en hun rode moeders zich openleggen
en de zon een hete man tussen hun dijen plant,
komt de dag, snuivend Centaur, druipnat,
met zoutwit borsthaar verder op
uit het water en voert luidkeels de vogels aan,
fluit naar de verspreid balspelende meisjes,
groene zilvergeschubde meerminnen in bikini.
En de vreemde hoogpotige Tijd op een duintop herhaalt waarschuwend
zijn kreet, die de schelpenzoeker versteent
temidden van zijn koraaleilanden, vaag vergaat hij
in de galmruimte, het elyzeeïsche water.
En de eerste minnaars, in elkaar verdronken,
spoelen aan, hun ogen zwart van verstomdheid.
Om hun ligplaats verdampen de voetsporen
van de nacht en zijn geluidloze mannen.
Op de vloedlijn maken meeuwen het uur wit
met gebeden en ceremonieel, laten gretig
hun mossels op de stenen vallen en natte tongklanken
maakt de waakzaam blijvende zee, die geen spraak heeft
maar inzicht te pijndoend om uit te spreken vergt
van de mergheldere oude vissers.
Zeehondhelogig ontwaakt uit een slaap met schollen
en pijlstaartroggen spugen ze giftig en zwijgend
naar het wrakkenvol water en gaan de eerste borrel pikken
in de bekaaide herberg en vaarten verzinnen
naar de legendaire broedplaatsen van vroeger. Een zaagvis
draait zich verraderlijk als een hand om in hun verhaal.

85

Ben Zwaal

het geniep is grandioos open en aan alle kanten blaast hier wind de appels

zo'n duin deint van het meisje van westkapelle
rijmbloedig bloest zij binoculair

praktische hinten achter het scherm van haar jak
maken haar mars klaar voor uitventen

nog blaast de wind
tot narcissen weer allegaren

een zeeuwse schoot ten lente
dale

86

88

Wim Schumacher, *Liggend naakt in de duinen*, 1935,
olieverf op doek, 50,5 × 78,5 cm

Harry Kuijten, *Lezende vrouw*, ca. 1930 (?), zwart en bruin krijt, 47,5 × 61 cm

89

J. Slauerhoff Oud

Verwaaide heesters in een leegen tuin.
Klimrozen in de luwte van den muur.
Wat zonnebloemen, spruitend tusschen 't puin
Der vorige winter ingestorte schuur.
het vage pad door hei naar 't lage duin,
Vanwaar ik 's middags op den einder tuur

Over mijn boot, gekanteld, half in 't zand,
Door 't laatste springtij hoog op 't strand getild.
Een meisje gaat, de rokken in de hand,
Als zeilde zij – wat lijkt ze slank, jong, wild –
Boven de golven, raaklings langs den rand
Van 't leven, enkel leunend op den wind.

Ben ik het zelf, die vroeger met een vrouw,
Jeugdig als zij, hier speelde nimf en sater,
En haar in 't doodstil zand, het deinend blauw
Bezeten heb, bemind en toch verlaten:
Die nu mij hier voel staan, te stram, te grauw,
En dezen buit voorbijlaat langs het water?

87

88

Elly de Waard

Gesnoerd haar middel
in een breed ceintuur
dat haar toch al
zo smalle taille
tot nog grotere
slankheid spande, de
met mijn handen te
omvangen middellijn
van haar figuur.

Het mooie on-
gemak van hakken
plaatste ze telkens
in kleine stappen
voor elkaar, zodat ze
deinde in haar gang
die, van haar heupen
tot haar haar, haar
hele gestalte lang,
één wiegende
beweging was.

Zoals zij voor mij
door de duinen loopt
– speciaal voor mij,
speciaal voor mij! –
met een gratie die zij
nimmer overdrijft
en zich haar schoonheid
welbewust en naar mij
omkijkt, even maar –
was het geen lust
die mij beving,
maar meer een aan
de lust voorbije,
pure zinsverrukking.

M. Vasalis

Van hoofd naar schouder loopt de stille bocht
waarin ik vrede vind, windstille lijn,
grensvlak van weelde en gemis,
de zachte komma, diepe orgelpunt,
waarin ik wonen wil als in een duin.
Lieve lijn.

89

Piet Mondriaan, *Duin IV*, 1909, olieverf op karton, 33 × 46 cm

90

Jacob Groot

Ik hoor je naam me roepen Wie ben ik dan mijn naam in je
gelaten Weg van mezelf waaiend Twee namen op je golven 2

aan 2 brekende in je namenzee In je duinpan Kim op
je helmgras als een windapparaat rolt over je benen naar

je vlees zonder been Scheert je haartjes langs in een
vlaag van je stilte op je goudrest om je lippen om me

heen

90

Hans Faverey

Alsof zij daar ligt, nu
hier is gaan liggen, en aanbiedt
wat zij onthult: een duin, blakend

op haar zij, een waarsprekende
waaier, de rilling die mij opricht;

en geur, ooit zo doorhuifd als alleen
verbeelding het wil, opdat zij uitmaakt
hoe het is. Niet hier immers, door mijn
ogen niet, is zij opgewekt om toen
daar te gaan liggen, zich te doen
zoals het wordt.

91

Tijd en eeuwigheid

Jonas Snijder, *Zonder titel* (Ameland), 2010, pastel, 31,8 × 47,7 cm

92

Arend Hendriks, *Doodskop tussen bloemen*, ca. 1940,
ets, ca. 15 × 18 cm

Lucy van Dam van Isselt, *Het graf van P.C. Boutens op Eik en Duinen*, 1943, zwart krijt, penseel in kleur, 30,2 × 33,3 cm

93

Sybren Polet Strandschap

Achter de duinen het overbodige landschap.
Geronselde wolkenhorden. Strand dat
    langzaam zichzelf schept.

In ouderwetse rieten strandstoelen
zitten mensen te sterven, tatoes
    op hun geloken oogleden.

Een enkel sigarettenrokend lijk
    lost op in rook.

Een beroepshond met een bijbaantje
snuffelt langs de vloedlijn.
                        Vindt een kinkhoorn.

Uit een schelp klinkt het zachte geblaf
                        van een dode zeehond.

92

Harry Kuijten, *Strand bij Bergen aan Zee*, ca. 1930,
olieverf op doek, 54 × 65 cm

94

J. Bernlef Diorama met badgasten

Het duin met happen aangetast
dat heeft de storm
afgekalfd toont het de zee zijn bit
zandranden geschiedenis als
tanden wit en uitgebeten
op elkaar geklemd

Losjes daaronder op het plankier
van het terras hangt het gezelschap
kletsend in rieten stoelen rond
een heden dat plotseling vergeelt
tot foto: aanstaande doden die
bespreken hoe het was

Daartussen sleept een meeuw
zijn schaduw traag van laag naar laag
door hemelse thermiek bewogen
tot over de helmkraag ook hij
vervlogen in dit diorama past

93

Pieter Boskma

Ik stond weer op de plek waar je verstoof.
De zon scheen mild en omneveld,
geen mens te zien, volkomen stil.
Het was een dag als een geloof:

vol hoop die nooit zou doven.
De duinen waar ik over uitkeek
lieten zich van hun voet beroven
door de mist die nu uit zee aandreef,

en net toen alles leek ontworteld,
het gras, de struiken en de bomen,
en zonder zin of doel ronddobberde,

zag ik twee kraaien op een duintop staan,
de snavels doodstil tegen elkaar aan,
en hun silhouet leek op een hart

tot zij opvlogen, en het brak.

94

95

Claes van Beresteyn, *Eikenbosje met een rustende man*, ca. 1655, ets, 19,9 × 21,7 cm

Jan Hackaert, *Duinlandschap bij Haarlem*, ca. 1650–1660,
ets, 15,9 × 18,7 cm

96

T. van Deel Diorama

Avond in het duin. We stonden maar
en zagen hoe het licht bleef hangen
boven zee. Toen doofde het tot blauw
van maanlicht en vroeg iemand om een
nieuwe morgen. Met veel kabaal weer
kwam de meeuw vooraan alweer niet van
de grond en ook het schuw konijn bleef
schuilen in zijn hol. Al werd het dag
en nacht, geen dier verroerde zich, al
stormde heel het duin, gebeuren deed
er niets. Hier is tot staan gekomen
wat zich het meest verzette. Al gaat het
leven door, het leven blijft eruit.

95

René Puthaar

Daar wordt een laatste horizon gewist
en bergen golven, wind en stuifzand zich
met al het oude weg, dat oude licht

waarin de dichter na te drijven lag
achter het stilgevallen daggordijn,
de armen wit langszij, licht trappelend,

en niemand hoorden toe het luchtig bed,
het vliegertouw, de ingewaaide bal,
de levenstekens van een zomerdag

die afliep en de wijk nam naar een pad
dat voert door bleke duinen zoals hier
de blankste top die zonder uitzicht is

op hoe een man of vis diep uit het niets
geworpen wordt en op een bank gestrekt
die zich zomin als wat er ligt bewaart.

96

J. A. dèr Mouw

Zwevend op winden waait de zee door 't duin,
en 't zout blijft achter in 't diep-koele zand;
geen bloemengloed, geen groen van sapp'ge plant
kleurt 't bleke egaal van vér-zichtbare kruin;

maar 't water, neerfilt'rend, doet, tuin naast tuin,
laaien van tulpenrood 't wijdvlammend land,
en ruist als bossen op, tot waar de rand
vaal is door helm en zieklijk struikenbruin:

Stormend door open mensenleven, laat
de Godheid bloemloos 't oppervlak, waar 't zaad
van blijdschap sterft, door lang verdriet geschroeid;

tot ondergrondse zuiverheid vervloeid,
herrijst Ze als 't rijk van schijn en rijm en maat,
waar 't Denken tulpt en lovert, ruist en gloeit.

97

Theo Colenbrander, *Ontwerp met tulpen*, 1917, potlood, penseel in kleur, 24,3 × 35,5 cm

97

A. Roland Holst

Leeuw van oud licht zieltoogt
ergens in het woest duin de
dag nog: het bitter oog
breekt, en de manen raken
vol zand. Aan den zee-einder
brandt nog een wolkgebied,
waar de Eeuwige door vuurdraken
zijn aftocht dekken liet.

98

98

Sientje Mesdag-Van Houten, *Zandverstuiving/Duinlandschap*, 1880–1900, olieverf op doek, 99 × 123 cm

Karel van de Woestijne

Hier, waar het gieren zwiert, ter glinster-klare hillen,
van woelig-joelgen wind die wuift en wapper-waait;
hier, waar een nieuwe lente-zonne, in arren wille,
met bliksemende zeis de zilvren distels maait;

hier, dat een zoevge zee 't gezwoeg der zuivre schuimen
als om een krommen boeg geweldig zwellen laat,
en 't nek-gebogen span der eveningsche luimen
de schuine flanken van dees dorre duinen slaat;

hier, o mijn God, te staan, mijn oog in 't felle-lichten
waar alle zonnen rolle' op 't hollen van den tijd;
hier, tusschen lucht en zee, het schroeiïg aangezichte
als eene sterre in deze dubble oneindigheid;

en alles overzien om alles te vergeten;
misprijzend de einders om te rieme' in éenen vaêm
– de leden schrijnig wel van vlijmge distel-beten,
maar op den mond, o God, de bete van uw aêm!

99

Hendrik Chabot, *Zee*, 1933, 90 × 101 cm

99

Willem Jan Otten Eindaugustuswind

1

Ook als het waar is wat we weten –
en niets ons wacht, heus, heus –
dan nog wacht mij zo lang ik leef
en zwaarder kortademiger elk jaar
mijzelf het duin op hijs: de zee, de zee.

Steeds onmiskenbaarder is zij dan voorzien,
steeds meer de meesteres die onderwijst
dat niets mij wacht, niets, heus, heus.
Probeer het maar, zegt zij, en denk je
vrij, de duinen op en daarna nergens mij.

2

Er is een omdat en het ruist als het dak
van een sparrebos bij nacht bij eindaugustuswind.
Ik ben gaan liggen op mijn rug met boven mij
een sterrenwak precies als toen ik dertien was.
Het was opnieuw als lag ik denkend in een kuil.
Takken zwarter dan het doodstil uitspansel.

Omdat ik niet mijn eigen macht zal zijn,
omdat mijn strekking steeds een klacht zal zijn,
omdat ik niet begrepen heb wat mij
naar deze onbegrepen plek heeft toegewild,
omdat ik niet mijzelf bevatten kan
als pogend te bevatten – daarom ben ik vrij.

100

Jan Willem van Borselen, *Duin en wolken*, 1850–1890, olieverf op papier, 12,3 × 18,7 cm

100

Schilderachtig, die duinen!

Er zijn van die landschapstypen die eeuw in, eeuw uit het kunstenaarsoog zijn blijven boeien: de zee bijvoorbeeld, of het hooggebergte. Maar hetzelfde geldt – althans in de Nederlandse kunst – voor het duin. Hoe zou dat komen?

De duinstrook zoals wij die kennen, met zijn gelijkmatig doorlopende 'zeereep', zijn zorgvuldig beheerde natuurmonumenten, zijn villadorpen en badplaatsen, zijn waterleidingprojecten, bloembollenvelden, verharde wegen en fietspaden, heeft zijn voorlopig definitieve vorm gekregen tegen het einde van de negentiende eeuw. Daarvoor bestond hij nog grotendeels uit kale, door de wind voordurend van aanzien veranderende hoge zandheuvels en onregelmatige velden daartussen, aan de landkant afgewisseld met moerassige bossen. Smalle schelpenpaden leidden van de buitenplaatsen, zandafgravingen, blekerijen en kwekerijen aan de duinzoom naar de her en der verspreide duinboerderijtjes en naar de zoutketen en vissersdorpen aan zee. Een onvruchtbaar en moeilijk toegankelijk, maar tegelijk voor het landschaplievend oog heel aantrekkelijk gebied. De duinen waren niet kaal en leeg maar heuvelachtig en rijk aan allerlei geboomte, en bovendien niet regelmatig verkaveld en bebouwd maar grotendeels nog onontgonnen. Ze vormden 'Hollands eigen wildernis', een ideaal wandelgebied voor wandelaars op zoek naar stilte en eenzaamheid en voor de inspiratie zoekende kunstenaar.

EEN NIEUW SOORT LANDSCHAPSKUNST

Duingezichten behoren niet toevallig tot de vroegste artistieke evocaties van het eigen land. Omstreeks 1600 werden de duinen ontdekt door Haarlemse en Amsterdamse kunstenaars als Hendrick Goltzius, Claes Jansz Visscher en Esaias van de Velde. Visscher gaf in 1611 de prentenserie *Plaisante Plaetsen* uit met bekende gezichten rondom Haarlem, waarmee hij zowel de luie wandelaar als de landschapschilder van dienst wilde zijn (**afb. 1**; afb. 56, p. 138*).

Uit deze ongeordende maar zeer afwisselende 'wildernis' schiepen de gebroeders Van de Velde, Jan van Goyen en enkele anderen vervolgens een heel eigen soort landschap,

* De vet gezette cijfers **1–12** hebben betrekking op afbeeldingen in dit essay. Niet vet gezette nummers, gevolgd door (kleinere) cijfers, verwijzen naar de pagina's 24–235 in dit boek.

1. Claes Jansz Visscher, *Plaijsante plaets aende duyn kant*, 1611/1612

2. Jan van Goyen, *Rustende reizigers op een duintop*, 1630-1650

3. Jacob van Ruisdael, *Weg door de duinen*, 1648

gekenmerkt door simpele vormen en gedempte tinten, dat al spoedig enorm populair werd (**afb. 2**; afb. 11, p. 42).

Een latere generatie onder leiding van Jacob van Ruisdael legde in hetzelfde duinlandschap geheel nieuwe accenten: ze kozen bij voorkeur krachtig contrasterende motieven binnen één voorstelling – zee tegenover duin, donker tegen licht, hoog tegen laag, vruchtbaar tegen woest – en dat bij voorkeur vanuit een laag gezichtspunt, waardoor duinen en bomen ongewoon hoog lijken op te rijzen: de heroïsche variant (**afb. 3**). Tegelijkertijd werd het 'een-tonige' tintenpalet langzaam maar zeker vervangen door een geschakeerd patroon van helderder kleuren: wit zand, groen geboomte, rode daken of even rode jagersjassen (**afb. 4**).

Niet alleen de blik omhoog was picturaal interessant, ook het brede, diepe en extra afwisselende panorama vanaf een hoge duintop (afb. 9 en 10, p. 36, 39) of, omgekeerd, van veraf op de brede duinenrij bood boeiende mogelijkheden. De vroegste gedateerde duintekening – van Goltzius – was zo'n ver uitzicht. En dan was er nog het andere uiterste: het intieme kijkje in een beschutte delling of tegen de hoge zandoever van een beek.

Tegelijkertijd lieten ook vermogende kooplieden hun oog op de vruchtbare binnenduinen vallen. Tientallen in formele lijnen ontworpen landgoederen werden gesticht te midden van de woestenij. En ook dit nieuwe type landschap bleek aantrekkelijk voor de schilder die het – meestal in opdracht – op doek vastlegde, dankzij de spannende afwisseling van cultuur en natuur, orde en chaos, heldere en stoffige kleuren (**afb. 5**). De nieuw geschapen vlakke terreinen tussen de oude zandduinen werden benut als bleekveld voor de linnenweverijen of voor de groente- en bloembollenteelt en kregen zo hun bekende rasterachtige plattegrond (**afb. 1**; afb. 64, p. 151).

SCHILDERENDE, DICHTENDE EN KUNSTLIEVENDE WANDELAARS

Al met al hebben de zeventiende-eeuwse meesters ongeveer alle picturale mogelijkheden van het duinlandschap binnen de traditionele schilderkunst geëxploreerd. Ze deden dat natuurlijk niet alleen voor hun eigen plezier. De duizenden schilderijen, tekeningen

4. Jan Wouwerman, *Duinlandschap met een rustende reiziger en een reiskoets*, 1660–1670

5. Jan van der Heyden, *Het landgoed Elswout te Overveen*, ca. 1660

en prenten met duinachtige onderwerpen die we nu nog bezitten maken duidelijk dat er kennelijk ook in de zeventiende eeuw al veel belangstelling voor was. Opvallend veel zeventiende-eeuwse duinlandschappen worden gekenmerkt door een weg die het oog van de kijker het beeld intrekt. Dit kan een schilderkunstige foef zijn, maar het beeld lijkt hiermee ook als het ware de herinnering op te roepen aan een in werkelijkheid door de kijker zelf gemaakte wandeling door het duingebied – of diende als een substituut daarvoor. Daarmee propageerde Visscher in elk geval zijn Kennemer duingezichten van 1611 op het titelblad.

Op het eerste gezicht is dat verrassend, omdat het duinlandschap niet hoorde tot het gebied dat de Hollandse stedeling kende uit zijn directe dagelijkse ervaring. We zijn gewend te veronderstellen dat de Hollandse schilders hun publiek vonden in de welvarende Hollandse burgerij, die trots was op zijn eigenhandig ontgonnen en op de Spanjaarden bevochten republiek. Dit verklaart voor een groot deel de enorme populariteit van het landschap in de nieuwe Hollandse schilderkunst. Maar hoorde daar ook het kale, onvruchtbare en nauwelijks bewoonde gebied bij tussen het vruchtbare en bijna volledig ontgonnen binnenland en de zee? Dat deed het inderdaad, en dat wordt duidelijk als we zeventiende-eeuwse 'duinkunst' bekijken in het licht van de Hollandse wandeltraditie. Uit allerlei geschreven bronnen blijkt dat naarmate het platteland veiliger werd, en zeker sinds het Twaalfjarig Bestand van 1609–1621, veel Hollandse stedelingen op zondag of als de kans zich voordeed de drukke stad verlieten voor een excursie in de landelijke omgeving, wandelend of groepsgewijs op een Jan Plezier.

Een geliefd doel in die dagen, ook voor Amsterdammers, was Kennemerland en in het bijzonder de omgeving van Haarlem, die vanouds bekendstond als gezond en afwisselend en die meermalen beschreven en bezongen is als 'de trots van Haarlem'. De tocht ging dan vaak naar de resten van Brederode en andere in de oorlog verwoeste kastelen en kloosters, naar de hoge en witte Blinkert bij Bloemendaal of rechtstreeks naar Zandvoort. Hagenaars trokken graag via de binnenduinen naar Scheveningen, Alkmaarders naar Egmond. De tocht kon te paard gaan of te voet, in een koets of – voor de gewone man – een Jan Plezier. En onderweg werd heel wat afgezongen, liedjes die gebundeld werden in boekjes als de *Haerlemsche Duyn-Vreucht* (**afb. 6**) of *Dubbelde*

6. Onbekende kunstenaar, Titelprent van C.P. van Wesbuschs *Haerlemsche Duyn-Vreucht* enz., Haarlem 1636

Nieuwe Haerlemsche Duijne-Vreught, waarvan het eerste vers eindigt met de regels *Hoe een ijeder zich verbleijdt / Als hij door de Duijnen rijdt.*

Meer vermogende en avontuurlijker liefhebbers trokken er soms dagenlang op uit. Je kunt gerust spreken van een typisch Hollandse wandeltraditie, die zijn eerste bloei beleefde in de zeventiende eeuw maar zich in de eeuwen daarna heeft voortgezet. De literatuur uit de Gouden Eeuw kent niet alleen uitvoerige wandelreportages zoals de *Batavische Arcadia* van Johan van Heemskerck, maar ook een groot aantal gedichten die de lezer meenemen op een wandeling buiten de stad. Ook de 'hofdichten' op een buitenplaats in of bij het duingebied zijn vaak gegoten in de vorm van een wandeling over en rondom het landhuis. Het bezongen gebied wordt – helemaal in de klassieke traditie – genoten als een *locus amoenus* of 'plaisante plaats', de klassieke gemeenplaats voor een plek waar alle zintuigen aan hun trekken komen, maar in de Hollandse versie toch vooral het oog. Het kijkplezier spat er vanaf, zonder onderscheid in waardering voor de onderdelen van het landschap. De duinstreek bood letterlijk voor elke wandelaar wat wils. Het klimmen en dalen is al een sportief plezier, aldus Elisabeth Koolaart:

Hoe lustig is 't, bij helder weer,
Al glijen wij gestadig neer,
Te klimmen, langs een trap van duinen,
Op 't hoogst van de Aalbertsberger kruinen

Volgens Cats biedt het duin nog veel meer (vgl. **afb.** 6), want:

't Is te Domburg, in de duinen,
daar men wentelt in het zand,
daar zo menig dartel kwant,
achter hagen, achter tuinen,
doet wat ik niet zeggen durf [...]

De Blinkert bij Bloemendaal is imposant om te zien en daagt uit tot beklimming, en ben je eenmaal boven dan lokken – volgens Samuel Ampsingh – de vergezichten over Haarlem en omgeving:

En zien van daar ons stad en onze naaste steden,
Gelegen wijd van ons, ook vele duizend schreden [...]

Het kijkplezier gaat vaak gepaard met een wijze les. Voor Ampsingh is de trotse duinstrook een door God bedoelde natuurlijke zeewering:

In 't midden tussen weg van Stee [Haarlem] *en Zee zijn Bergen*
Die met hun zanden kop en top den hemel tergen
En stijgen in de locht, die tegens het geweld
Van 't grote wilde diep als muren zijn gesteld [...]

Constantijn Huygens ziet de voortdurende veranderende duinen als metafoor van het wisselend lot van de mens:

Dat onze heuvelen best schenen te gelijken,
het dagelijkse lot van Armen en van Rijken,
altoos in 't ongewis, na 't stormen van den tijd,
dan weelderig en volop, dan kaal en alles kwijt.

En Jacob Cats vindt het 'schrale duin' juist om die reden de ideale plek voor ongestoorde meditatie:

Schrale duin, onvruchtbaar zand,
[...] *Of ik klim of nederdaal,*
Zo en vind ik echter niet[s]*,*
Waar ook mijn gezichte schiet,
Dat mijn ogenlust verwekt,
Of mijn zinnen elders trekt.

En Gysbert Tysens zingt in zijn *Haarlemmer duinzang* van 1728 (verlucht met de etsen van Claes Jansz Visscher van 1612!) de lof van Paters Herberg, *deze rustplaats, die het hart tot vreugd verbindt / door 't stille landvermaak van heuvelen en dalen.*

Maar wat de wandelende dichters nog het meest bekoorde was de rijke landschappelijke afwisseling die de duinstreek bood, niet alleen dankzij de forse overgangen van polder naar duin en van duin naar zee, maar ook in het gebied daartussen. Voor Claes Bruin bijvoorbeeld biedt zelfs het dorste deel een grote rijkdom:

Al zien wij hier geen gras noch lover groeien;
Al zien wij hier geen welige akker bloeien;
Geen klaverveld, om 't welig vee te voên,
Dit bar gewest kan echter mij voldoen,
Al was het slechts om zijn verwisselingen. [...]

Die afwisseling was vaak aanleiding tot lof aan de almachtige en goede Schepper. Heel mooi is het oude lied dat begint met de regels

Ik ging op enen morgen
Al door den Aardenhout,
Daar zag ik onverborgen
Gods werken menigvoud [...]
Langs Duinen ging ik spaceren
Zoo voort naar Overveen.
En zag naar mijn begeren
Gods werken groot en klein.

Jan van Westerhoven wijdde er zelfs een heel boek aan getiteld *Den Schepper verheerlijckt in de schepselen* [...] *voor-gestelt in 7 samenspraken onder somersche wandelingen, dienende wijders tot lof van Haerlems vermaeckelijcke landsdouwen.* Dit verslag van zijn wijsgerige wandeling door de duinstreek bevat ook een aantal lofzangen op de Schepper en bovendien afbeeldingen met psalmverzen als onderschrift.

NATUUR EN KUNST

Een van de verrassende contrasten die het oog van de wandelaar kon boeien was de spanning tussen natuur en kunst, waarbij 'kunst' dan slaat op alles wat de mens maakt. '*het is geen klein vermaeck, wanneer men dorre zanden, / Door middel van de kunst, verkeert in nutte landen*', schreef Cats over Huygens' buitenplaats buiten Den Haag. En Elisabeth Koolaart dichtte op de Bloemendaalse bleekvelden, gezien vanaf de Aalbrechtsberg: '*beneden ziet het scherpst gezicht / zich blind, op sneeuwwit linnenlaken, / hetgeen natuur en kunst hier maken / zo zuiver* [...]'.

Maar ook de schilderkunst komt aan bod. In zijn hofdicht op de buitenplaats Akendam bij Haarlem dichtte Pieter Vlaming op het hoofdvertrek met zijn vensters die uitzicht boden op de omgeving:

De wand is met geen schilderskunst bekleed,
Noch opgetooid met prachtige tapijten;
Het uitzicht zo verscheiden, verre, en breed,
Zou aan de kunst haar armoe slechts verwijten.
[...]
Hoewel 't penseel dit alles af kan malen,
Bij 't voorwerp, dat natúur met eigen hand
Getekend heeft, kan gene kunst ooit halen.

De schilderkunst komt hier, in een aloude gemeenplaats, naar voren als de mindere van de natuurlijke werkelijkheid die zij zo ijverig tracht te evenaren. Het is een spel met woorden, want in dezelfde tijd roept Jan Baptist Wellekens op om ter ere van de bruiloft van de Amsterdammer Jacob van Lennep diens buitenplaats Meer en Berg uit te beelden:

Komt, brave Meesters, die Minerva's kunst en vonden
zo geestig nabootst, komt: de plicht heeft u verbonden
ter ere van dit feest: weeft nu een schilderij,
vol kunst van tekening, en vlugge poezij.

Dit werkstuk zou dan wellicht als kamerbehangsel de zaal van Van Lenneps huis aan de Amsterdamse Herengracht gaan sieren. Wat hier en ook bij Vlaming weer opvalt, is de nadruk op de afwisseling van het landschap. Het huis krijgt pas zijn volle waarde tegen de achtergrond van een dorp, weiland, bos en duinen, en verderweg het Haarlemmermeer.

De beeldende kunst was het aangewezen middel om de herinnering aan het kijkplezier van die vrolijke of zinrijke wandelingen vast te leggen of, in plaats daarvan, dat kijkplezier op te roepen voor wie de tocht niet kon of wilde ondernemen. En daaraan voldeed ze volop.

SCHILDERACHTIG: ORDE EN AFWISSELING

De gangbare opvatting onder cultuurfilosofen is dat tot ver in de achttiende eeuw het landschap voor de Europese stedeling pas interessant werd nadat het bedwongen en ontgonnen was, dienstbaar gemaakt aan de mens. De rijke oogst aan duinlandschappen in de oudere Hollandse schilderkunst dwingt ertoe deze veronderstelling op zijn minst te nuanceren, in elk geval voor de Nederlandse Republiek. Sinds de zestiende eeuw werd het buitenstedelijke gebied in toenemende mate en met veel technisch vernuft drooggemaakt of geïrrigeerd en op systematische wijze volgens de modernste inzichten ontwikkeld tot een efficiënt geordend en winstgevend agrarisch onderdeel van de landelijke economie. Maar hoewel dit moderne en ordelijke landschap met zijn mathematische, heldere en uniforme structuur bij uitstek voldeed aan de esthetische eisen van de officiële humanistische kunsttheorie met haar eis van regelmaat, orde en eenheid, was dit niet het gebied dat de meeste belangstelling trok van kunstenaars, dichters en andere rust- en ruimtezoekende stedelingen. Integendeel, zij zochten kennelijk juist de streken op waar nog het 'oorspronkelijke' maar door de moderne tijd bedreigde Nederlandse landschap te vinden was, dat juist níet geordend was en waar de nieuwe ontginningen in het beste geval – net als de schrale duinen, de moerassige bossen, de arme stulpjes, de zandwegen en de overgroeide bouwvallen van kloosters en kastelen – bijdroegen aan de boeiende afwisseling van oud en nieuw, recht en krom, hoog en laag – kortom aan een landschap dat men al sinds de zestiende eeuw bij uitstek 'schilderachtig' was gaan noemen, maar dat – zo blijkt uit de hierboven aangehaalde dichters – tegelijkertijd als vanouds zwanger bleef van morele, politieke en/of religieuze waarden.

Wie dit eenmaal tot zich laat doordringen ziet geen principieel verschil meer tussen de zeventiende- en achttiende-eeuwse duinverbeeldingen in enerzijds de dicht- en anderzijds de schilderkunst. Ze lijken nu eerder elkaars complement dan elkaars tegendeel, wat ook niet verbaast omdat de twee kunsten bestemd waren voor ongeveer hetzelfde publiek, de stedelijke burgerij.

Dit neemt niet weg dat er een enorm verschil bestaat tussen de duinvoorstelling in respectievelijk de schrijvende en de beeldende kunst. Dat geldt niet alleen voor de kwantiteit, maar ook voor de inhoudelijke kant. De schilders presenteerden hun landschap bijna steeds als een zonder twijfel visueel aantrekkelijk of zelfs spannend of intrigerend, maar inhoudelijk neutraal gegeven, dat de kijker vrijliet om er zijn eigen associaties aan te verbinden. In de dichtkunst is het tegenovergestelde het geval. Daar geeft de dichter weliswaar aan dat hij het onderwerp in elk geval interessant vindt, maar zijn wellicht toch eveneens aanwezige esthetisch-emotionele appreciatie is bijna steeds als het ware verpakt in een met zoveel woorden geformuleerde gedachte met een belerende of opbouwende strekking. Die strekking hing weer samen met de functie van het gedicht in kwestie en met de in de literaire traditie voorhanden modellen. En daar was nu eenmaal niet of nauwelijks plaats voor pure natuurlyriek. Dat gold ook voor een dichter als Constantijn Huygens, die – daar laat zijn geschrift *Mijn jeugd* geen twijfel aan – al vroeg een groot liefhebber was van de 'pure landschapskunst' van Esaias van de Velde en Jan van Goyen, maar die blijkbaar geen behoefte had dat in lyrische vorm uit te drukken.

Het hofdicht prees het nuttig werk van de projectontwikkelaar, het lofdicht op stad of streek de rijke afwisseling van de eigen omgeving, het wandellied de bevrijding uit de benauwde stad en het vrome puntdicht de schepping als Gods open boek. Allemaal genoten ze op hun manier kennelijk van het buiten zijn en in dit geval van het duingebied. In hoeverre er in dit amalgaam van verwoorde emoties ook al sprake was van de ontroering en het 'natuurgevoel' dat leesbaar wordt in de meer hedendaagse dichtkunst en dat wij even zichtbaar achten in de beeldende kunst van onze tijd, blijft een open vraag maar hoeven we evenmin bij voorbaat negatief te beantwoorden.

HET DUIN ALS PARK

Al tegen het einde van de zeventiende eeuw kwam er langzaam maar zeker verandering in de smaak van het wandelende, kijkende en lezende publiek. De ongetemde en wisselvallige natuur met haar kale kruinen, dode bomen en vervallen bouwsels, die Van Goyen en Ruisdael en hun publiek decennialang had geboeid, maakte in elk geval in de schilderkunst ongemerkt plaats voor een natuur waarin ook de landgoederen min of meer werden opgenomen in het grotere verband van de nu langzaamaan wat meer onder controle gebrachte zandgebieden. Tegelijkertijd besloten veel landgoedeigenaren hun mathematisch geordende tuinen opnieuw in te richten naar het moderne Engelse model met zijn voorkeur voor *the picturesque*, een stijl die in feite een heropleving betekende van het Oudhollandse begrip *schilderachtig*. Hierdoor verloor het contrastrijke duinlandschap wellicht ook wat van zijn scherpe kanten. In elk geval kwam er nu ruimte voor een kunst waarin de nog niet ontgonnen gedeelten zich moeiteloos leken te voegen bij de keurig aangeharkte buitenplaatsen met hun fraaie wandelallees en kabbelende beekjes, alsof de nieuwe bewoners en bezoekers van dit vriendelijke parklandschap evenveel comfort zochten buiten de stad als daarbinnen.

EEN VLEUGJE ROMANTIEK

Tegen het einde van de in artistiek opzicht zo kalme achttiende eeuw komt er toch verrassenderwijs een bescheiden tegenbeweging op gang, die kennelijk aansluiting zoekt bij de internationale stroming van *Sturm und Drang*. Eigenzinnige kunstenaars trekken er voor het eerst sinds meer dan een eeuw weer op uit, op zoek naar de ongekamde kruinen en dalen van het oude duingebied, vaak in het voetspoor van Ruisdael en zijn vrienden, dus ook niet alleen op zondag en bij aangenaam weer (**afb. 7**; afb. 17 en 47, p. 55, 117). Een enkele maal kregen ze gezelschap van een even romantische ziel als de dichteres Elisabeth Maria Post. Maar toch waren er blijkbaar weinig kunstliefhebbers die zo'n onvriendelijk onderwerp in de vorm van een schilderij in de huiskamer toelieten. Afgezien van een enkele storm aan het strand (afb. 40, p. 102) was het vooral het panorama vanaf de duinrand dat de aandacht kreeg, liefst bij stralend weer, zodat de rijkdom en verscheidenheid van het achterland zichtbaar werden voor de vaderlandslievende kijker (afb. 4, p. 28). Zoals een reisgids voor Kennemerland uit 1840 het verwoordt: 'Bovenal echter moet de reiziger den hoogen duin achter de buitenplaats Jagtlust beklimmen, waar zich een Panorama opent, hetwelk de ziel in verrukking wegsleept.' Opmerkelijk in deze passage zijn vooral de laatste woorden, die een werkelijk romantisch gevoel uitdrukken. De eigenwijze schilder Johannes Tavenraat ging

7. Carel Lodewijk Hansen, *De ruïne van Eyk en Duinen*, 1793

nog iets verder: hij beweerde dat de natuur 'niet positief als door den spiegel, maar subjectief door de individueele dichterlijke opvatting des kunstenaars' moest worden weergegeven. Maar in werkelijkheid bleven de meeste kunstenaars zich aanpassen aan de wensen van de burgerij. De meeste Hollandse 'romantische' schilders waren in feite burgerlijke realisten. De ongetemde en wisselvallige natuur van hun beroemde buitenlandse voorbeelden vervingen ze door een huiselijker variant, alsof men in het duingebied en dus ook in de weergave daarvan evenveel comfort zocht als in de achtergelaten stad.

SCHILDEREN MET LICHT

Daarin kwam pas verandering toen enkele Haagse schilders opnieuw de weg vonden naar de 'onbedorven' natuur, aanvankelijk aan de Veluwezoom maar al spoedig vlak bij huis in de Haagse en Scheveningse duinen. Jozef Israëls en een hele groep kunstenaars om hem heen vroegen aanvankelijk vooral aandacht voor het leven van de arme vissers en duinboertjes (**afb. 9**). Anderen, zoals F.H.Kaemmerer en David Bles, legden zich liever toe op het mondaine badleven (**afb. 8**). Maar de belangstelling verbreedde zich spoedig. Johannes Bosboom verbleef soms maandenlang in het vissersdorp, vanwaaruit hij de zanderige omtrek verkende (afb. 59 en 66, p. 141, 154). Hij en zijn vrienden hielden van het typische vochtige zeelicht, waardoor alles ook bij zonnig weer in een heiïge toon gehuld werd. Het meest hielden ze van een lucht zonder zon. Hoe somberder de lucht, des te liever was het deze Hagenaars (afb. 2, 37, 51, 54, 98, p. 26, 96, 127, 133, 231). Van Jacob Maris bijvoorbeeld is bekend dat hij het liefst vlak voor of na een onweer de achter zijn huis gelegen duinen opzocht. Niet meer de thematiek in de eerste plaats was het die hen trof, maar het samenspel van licht en atmosfeer, waardoor de contouren vervaagden en alle elementen van het landschap opgingen in de allesbepalende *stemming*. Dit betekende dat het zo getrouw mogelijk werken *naar* de natuur bij sommigen plaats kon maken voor een schilderen *als* de natuur. Toen een vriend Jacob Maris attent maakte op een bijzonder mooie lucht was het zelfbewuste antwoord: 'Och wat, ik schilder hem beter.' Vooral in de virtuoze toepassing van waterverf bereikten de Hagenaars in deze nieuwe kunstopvatting grote hoogten en brachten ze iets dat werkelijk nieuw was ten opzichte van de nog steeds bewonderde zeventiende-eeuwers. En wat tegelijkertijd opvalt: de menselijke figuur onderweg, die in de zeventiende eeuw als vanzelfsprekend de kijker de weg had gewezen in het geschilderde of getekende duin, is sinds de negentiende eeuw vrijwel afwezig geworden.

Ongemerkt verloren in dit proces van diepgaande bestudering en 'ontleding' van de zichtbare werkelijkheid de afzonderlijke motieven veel van hun eigen karakter, zozeer dat in sommige experimentele studies het 'onderwerp' soms nog maar nauwelijks te herkennen was. En ongemerkt bereidden ze hiermee de weg voor een generatie die consequent verder zoekend de volgende stap zette. Gestimuleerd door Franse en Belgische kunstenaars onder aanvoering van Georges Seurat werd nu het 'tonale' effect van de vloeiende, unificerende grijze of grijsachtige toets van de Haagse-Scholers in één klap vervangen door een zorgvuldig gecomponeerde symfonie van kleurige stippen: het luminisme was geboren. En typisch voor deze stormachtige beweging was dat de jongeren, nog meer dan daarvoor, de zeekant en de duinstrook opzochten als de ideale locatie voor hun picturale laboratorium.

De bloeitijd van de schildersdorpen aan zee was begonnen. Omstreeks 1888 trof Jan Toorop in Noordwijk een aantal geestverwante Tachtigers, onder wie Willem Kloos en Albert Verwey, die zich daar voorgoed zou vestigen (afb. 46 en 85, p. 114, 200). Toorop

8. Frederik Hendrik Kaemmerer, *De nieuwe boulevard bij Scheveningen*, ca. 1870

9. Salomon Verveer, *Gezicht op Scheveningen*, 1872

10. Job Graadt van Roggen, *Gezicht op Alkmaar*, 1913

woonde daarna afwisselend in Katwijk en het vlak onder Den Haag gelegen duindorp Loosduinen, dat bekend stond als het Haagse Barbizon, met uiteenlopende talenten als Willem de Zwart (afb. 22, p. 69), Breitner (afb. 43, p. 110), Theo van Hoytema en later ook Vincent van Gogh (afb. 64, p. 151) onder leiding van Anton Mauve. Maar na een jaar of tien verdwenen de meesten weer, verjaagd door de oprukkende Haagse buitenwijken.

De meeste zomers werkte Toorop in Domburg, waar hij dichter bij zijn Belgische en Franse geestverwanten was (afb. 18, p. 57) en waar hij geregeld zijn vriend P.C. Boutens kon ontmoeten (afb. 14, p. 49). Hij was zeker niet de enige kunstenaar in de Walcherse duinen. Gedurende enige jaren vormden de Domburgse 'luministen' – onder wie Ferdinand Hart Nibbrig (afb. 1 en 83, p. 25, 197) en sinds 1908 ook Piet Mondriaan – de voorhoede van de Nederlandse schilderkunst. Juist het ongewoon motief-arme duingebied bood hun gelegenheid om zich te concentreren op de kernproblemen van de schilderkunst: vorm, licht en kleur. In zijn fameuze Duin-reeks bereikte Mondriaan een bijna abstracte interpretatie van het trio duin, lucht en zee, maar tegelijkertijd begon hij te experimenteren met de simpele vlakken en lijnen van de golvende duinenrij (afb. 12, 69, 90, p. 45, 159, 213). Kort daarop zou hij naar Parijs vertrekken, maar zijn nieuwste ideeën waren een krachtige impuls voor met name Jacoba van Heemskerck.

In de jaren daarna, tijdens de Eerste Wereldoorlog, ontstond nog een derde kunstenaarsdorp aan de kust: Bergen, waar een aantal jonge schilders – al spoedig de Bergense School genoemd – hun door expressionisme en kubisme geïnspireerde ideeën uitwerkten op het stramien van het Bergense landschap, onder leiding van de Franse emigrant Le Fauconnier. Ook de gevluchte Vlaming Gustave De Smet verbleef daar (zie het beeld van Gustave De Smet tegenover de titelpagina). Leo Gestel en Jan Sluijters kwamen er graag werken en Charley Toorop (afb. 68, p. 157) bleef er wonen, als motor van een eigen kunstenaarskring met onder anderen haar zonen John en Edgar Fernhout (afb. 49, p. 121). Tot de Bergense kring behoorden ook Job Graadt van Roggen (**afb. 10**) en bekende dichters als Adriaan Roland Holst en J.C. Bloem. De werken die Leo Gestel al in 1913 hier schilderde zijn een prachtige aankondiging van wat Le Fauconnier c.s. even later systematisch zouden toepassen: een expressief soort gematigd kubisme, toegepast en ontwikkeld aan de hand van het Bergense duinlandschap.

Tegelijkertijd stichtte Jan Wiegers in Groningen de ongewoon vitale beweging De Ploeg, die een meer noordelijk, niet met kubistische elementen vermengd expressionisme nastreefde, dat minder door Franse dan door Duitse inspiratie werd gevoed. De Ploegschilders zochten hun thema's op het Groningse platteland maar ook vaak op de Waddeneilanden (afb. 8, p. 35).

EEN KALEIDOSCOPISCH SLOT

Zo kunnen we vaststellen dat de belangrijkste Hollandse kunstschilders in de geest van het modernisme zich allemaal opmerkelijk sterk voelden aangetrokken door het duinlandschap. Het vervolg van deze geschiedenis is minder overzichtelijk. De in Den Haag, Domburg, Groningen en Bergen ontwikkelde en daar ook op het duin toegepaste benaderingen bleven langs verschillende lijnen jongere generaties inspireren. De Rotterdammer Hendrik Chabot ontwikkelde op eigen houtje een hoogstpersoonlijke en extreem expressieve visie op het Zeeuwse duingebied (afb. 99, p. 233). Tegelijkertijd deden veel van de oude voortrekkers in de loop der tijd wat impressionistisch, realistisch of zelfs romantisch water in de oorspronkelijk stijlzuivere wijn. Daarnaast openbaarde zich een tamelijk krachtige beweging in omgekeerde richting, die streefde naar een uiterst nauwkeurig en daardoor vaak enigszins vervreemdend realisme (afb. 27 en 49, p. 79, 121). Sommige kunstenaars zochten daarbij bewust aansluiting bij de techniek en stijl van de zeer oude meesters (**afb. 11**). Meer dan eens is daarbij ook weer de suggestie merkbaar van een ernstige boodschap, die achteraf soms de uitdrukking lijkt van naderend onheil (afb. 53 en 92, p. 131, 218).

Een opmerkelijke aanvulling van het beschikbare idioom was het werk van Edgar

Fernhout, die dit nieuwe realisme weer wist te verlaten en die, voortbouwend op de luministen van Domburg, uiteindelijk kwam tot volkomen geabstraheerde composities van lichtende kleurvlakken, waarvan de titels echter bleven verwijzen naar 'Duin' of 'Zee'. Jan Wolkers werd op zijn beurt weer door Fernhout geïnspireerd (afb. 16, p. 52). Ook de noorderlingen Gerrit Benner (afb. 7, p. 34) en Jan Gerrit Jordens (**afb. 12**) ontwikkelden uit het Ploeg-idioom een persoonlijke, sterk abstraherende eigen stijl. En ten slotte zijn er dan de hedendaagse kunstenaars, van wie sommigen, zoals Dirck Nab (afb. 13, 52, 74, p. 46, 130, 173) en Kris Spinhoven (afb. 71, p. 164), zich het liefst voegen in de impressionistische, expressionistische of realistische tradities, terwijl kunstenaars als Robert Zandvliet (afb. 82, p. 195) of Jonas Snijder (afb. 91, p. 217) zich kenmerken door meer eigenzinnige varianten daarop.

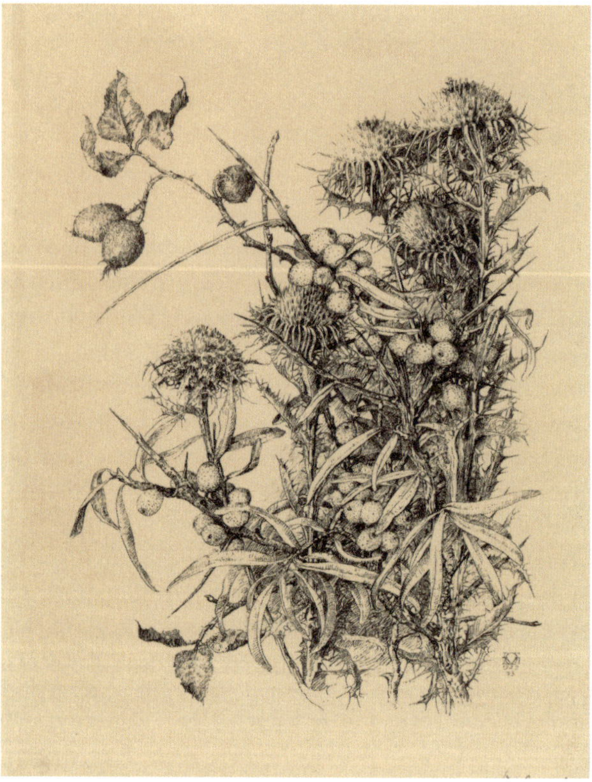

11. Dirk van Gelder, *Duinvruchten*, 1929

12. Jan Gerrit Jordens, *Schiermonnikoog met Opduin*, 1957

Wie van deze hedendaagse schilders men ook spreekt, steeds verwoorden zij hun fascinatie voor het Hollandse duingebied in termen die onmiddellijk herinneren aan de dichtregels uit de zeventiende eeuw waarmee dit essay begon. De duinen blijven schilderachtig, eeuw in, eeuw uit.

Boudewijn Bakker

N.B. Deze tekst is gedeeltelijk bedoeld als aanvulling en antwoord op het essay van Nicolaas Matsier waarmee dit boek begint. Ik ben daarbij geïnspireerd door de bijdragen van Huigen Leeflang over het landschap in de Haarlemse cultuur en kunst, culminerend in zijn 'Dutch landscape: the urban view. Haarlem and its environs in literature and art, 15th–17th century', in *Nederlands Kunsthistorisch Jaarboek* 48 (1997), p. 53–115. De meeste vroege citaten zijn ontleend aan Th. Beening, *Het landschap in de Nederlandse letterkunde van de Renaissance*, Nijmegen 1963, en Gerrit Komrij, *De Nederlandse poëzie van de zeventiende en achttiende eeuw in duizend en enige gedichten*, Amsterdam 1986; de negentiende-eeuwse citaten aan Wiepke Loos e.a., *Langs velden en wegen. De verbeelding van het landschap in de 18de en 19de eeuw*, Blaricum/Amsterdam 1997. Een uitvoeriger en ruim geannoteerde versie van het eerste deel – over het duin in de Nederlandse zeventiende-eeuwse poëzie en kunst – hoop ik binnenkort elders te publiceren.

B.B.

Herkomst van de duingedichten en de duingezichten

DUINGEDICHTEN

Gerrit Achterberg, Vuurtoren – *Eiland der ziel, Verzamelde Gedichten*, Querido, Amsterdam 1963

Jan Baeke, Zo is de zee – *Zo is de zee*, De Bezige Bij, Amsterdam 2001

Gerrit Bakker, De aardbei – *Ommekeer*, Querido, Amsterdam 1975

J. Bernlef, Diorama met badgasten – *Zwijgende man*, Querido, Amsterdam 1976

—, Geestgronden 2 – *Geestgronden, Voorgoed: Gedichten 1960–2010*, Querido, Amsterdam 2012

—, Geestgronden 6 – *Geestgronden*, idem

—, Niets dan verstuiving... – *Bagatellen voor een landschap*, idem

Huub Beurskens, Gezicht op Haarlem – 19.11.1994 – *Bange natuur*, Meulenhoff, Amsterdam 1998

Anna Blaman, Ik droomde dat ik met haar in een duinpan lag... – *De gedichten*, Meulenhoff, Amsterdam 1992

J. C. Bloem, Avondduinen – *De nederlaag, Verzamelde Gedichten*, Athenaeum – Polak en Van Gennep, Amsterdam 1998

Marie Boddaert, Zomers Duin – *Serena*, H. Honig, Utrecht 1898

Pieter Boskma, Het gele licht van Jan van Goyen – *Het zingende doek & de geheime gedichten*, Prometheus, Amsterdam 1999

—, Ik stond weer op de plek waar je verstoof... – *Doodsbloei*, Prometheus, Amsterdam 2010

P. C. Boutens, De wolken spieglen – *Vergeten liedjes, Verzamelde werken II*, Joh. Enschede en zonen, Haarlem/L.J. Boucher, Den Haag 1948

Lenze Bouwers, De duinen moet je niet willen verplaatsen... – *Woorden om het licht te horen*, Querido, Amsterdam 2009

Anneke Brassinga, blauw – *Aurora*, De Bezige Bij, Amsterdam 1987

—, Het tegenbeeld verwijst het zuiverst naar... – *Timiditeiten*, De Bezige Bij, Amsterdam 2003

Jacques Brel, Mijn vlakke land – Vertaling Ernst van Altena, Nijgh en van Ditmar, Amsterdam 2005, van *Le plat pays*, Jacques Brel, 1962

Remco Campert, Landschap – *Mijn leven's liederen, Dichter*, De Bezige Bij, Amsterdam 1999

Hugo Claus, Grimmig gefluister hoort men 's avonds in... – *De Oostakkerse gedichten, Gedichten 1948–1993*, De Bezige Bij, Amsterdam 1994

T. van Deel, Diorama – *Klein diorama, Gedichten 1969–1986*, Querido, Amsterdam 1974

Frederik van Eeden, Na Zons-Ondergang aan Zee – *Van de Passielooze Lelie*, W. Versluys, Amsterdam 1901

Jan G. Elburg, Kennemer Duinen – In: Gerdi Boor en Rolf Roos (red.), *Van niets dan lucht te leven*, Kwadraat, Utrecht 1991

Hans Faverey, Alsof zij daar ligt, nu... – *Verzamelde gedichten*, De Bezige Bij, Amsterdam 1993

Chris J. van Geel, 12 sept. '69 – *Tirade 14, /155*, Van Oorschot, Amsterdam 1970

—, Achter de kust – *Uit de hoge boom geschreven, Verzamelde gedichten*, Van Oorschot, Amsterdam 1993

—, Klimduin – *Spinroc en andere verzen*, idem

Hélène Gelèns, in ongeremd rennen – *zet af en zweef*, Cossee, Amsterdam 2010

Ida Gerhardt, Onder de Brandaris – *Verzen van Holland, Verzamelde Gedichten*, Athenaeum – Polak en van Gennep, Amsterdam 1980

Peter Ghyssaert, De vuurtoren – *Cameo*, Prometheus, Amsterdam 1993

Herman Gorter, Het witte westen en de overval… – *Verzamelde Lyriek tot 1905*, Athenaeum – Polak en Van Gennep, Amsterdam 1966

—, Moëduinen groenflakkerend, witlicht, zwaarzandduinen… – *Verzamelde Lyriek tot 1905*, idem

—, Nu op het steile duin, zie waar ze staat… – Mei (fragment) boek 1, *De Nieuwe Gids*, jaargang 4, W. Versluys, Amsterdam 1889

—, Zooals de zee met eindeloze deining… – *Verzamelde Lyriek tot 1905*, idem

Jacob Groot, De Tulpen – *Op komst*, De Harmonie, Amsterdam 1975

—, Gezicht op Haarlem – *Heerlijkheid van luchtmetaal*, De Harmonie, Amsterdam 2005

—, Ik hoor je naam me roepen Wie ben ik dan mijn naam in je… – *Heerlijkheid van luchtmetaal*, idem

Jacob Israël de Haan, In de zeestorm – *Liederen*, P. N. van Kampen en zoon, Amsterdam 1917

Jacques Hamelink, Duinen bij Wassenaar – *Gemengde tijd*, De Bezige Bij, Amsterdam 1984

—, Zeemorgen – *Eerste gedichten*, De Bezige Bij, Amsterdam 1986

Judith Herzberg, Egmond aan Zee – *Bijvangst*, De Harmonie, Amsterdam 1999

Frank Herzen, Vuurtoren Eierland – *Texel, een vriendschap, een liefde*, Het Open Boek, Den Burg 1979

Dick Hillenius, Profijtbeginsel – *Een klein apparaat tegen rechtlijnigheid*, De Arbeiderspers, Amsterdam 1975

Wim Hofman, Mondriaan – *Wat we hadden en niet*, Querido, Amsterdam 2003

Willem Hussem, de wolken leunen… – *Lente in de herfst*, De Bezige Bij, Amsterdam 1963

C. O. Jellema, Op het eerste gezicht – *Reflecties op Ruisdael 1, Verzameld Werk, gedichten*, Querido, Amsterdam 2005

Hester Knibbe, Duinpan – *Oogsteen*, De Arbeiderspers, Amsterdam 2009

Anton Korteweg, Jacht – *In handen*, Meulenhoff, Amsterdam 1997

Gerrit Krol, Zomer – *Polaroid, Gedichten 1966–1976*, Querido, Amsterdam 1976

Sjoerd Kuyper, Geloof de leugens niet… – *Wering, Het lied dat mijn moeder zong*, L.J. Veen, Amsterdam 2003

—, 't Was herfst – In: Evert Barendrecht e.a. (red.), *Noord-Holland in Proza, Poëzie en Prenten*, Stichting Culturele Raad Noord-Holland, Haarlem 1994

Ed Leeflang, Duinen – *De hazen en andere gedichten*, De Arbeiderspers, Amsterdam 1979

P. Louwerse, Mijn Nederland – *Vaderlandsch Liedeboek*, Haarlem 1891

Lucebert, strandwandelaar – *Verzamelde Gedichten*, De Bezige Bij, Amsterdam 1974

K. Michel, Ook de vissen – *Waterstudies*, Augustus, Amsterdam 2003

—, Voorbij Bredene – *Kleur de schaduwen*, Augustus, Amsterdam 2004

Neeltje Maria Min, Een duinpan was onze bedding… – *Kindsbeen*, De Bezige Bij, Amsterdam 1995

—, In bos dacht ik aan duin… – *Kindsbeen*, idem

Adriaan Morriën, Duinlandschap – *Avond in een tuin*, Van Oorschot, Amsterdam 1980

J. A. dèr Mouw, Zwevend op winden waait de zee door 't duin – *Verzamelde Werken Deel 2*, Van Oorschot, Amsterdam 1947

Theo Olthuis, Duintop, voor Dirck N. – *Golfslag*, Conserve, Groet 2006

Willem Jan Otten, Een zandstraal wind in de rug… – *Vier aangespoelde gedichten nr 2, Een zwaluw vol zaagsel*, Querido, Amsterdam 1973

—, Eindaugustuswind 1 en 2 – *Eindaugustuswind*, Van Oorschot, Amsterdam 1998

—, Meeuwen die wel zouden willen – *Eindaugustuswind*, idem

Augusta Peaux, In de duinen – *Gedichten*, H.D. Tjeenk Willink en Zoon, Haarlem 1923

—, Wapenschouw – *Gedichten*, idem

Sybren Polet, Strandschap – *Luchtwegen Nergenswind*, Wereldbibliotheek, Amsterdam 2003

Elisabeth Maria Post, Herinnering (fragment) – *Gezangen der liefde*, Johannes Allart, Amsterdam 1794

René Puthaar, Daar wordt een laatste horizon gewist… – *Hier en daar*, Augustus, Amsterdam 2003

Paul Rodenko, Vuur aan Zee (fragment) – In: Paul Rodenko e.a., *Vuur aan Zee*, Hoogovens, IJmuiden 1958

A. Roland Holst, Leeuw van oud licht zieltoogt… – *Een winter aan zee, Gedichten 1911–1976*, Meulenhoff/Manteau, Amsterdam/Antwerpen 2004

J.C. van Schagen, zeeuwse neveling – *Wat dit blijfsel overbleef*, Archief van Schagen deel 1, De Prom, Baarn 1985

J. Slauerhoff, Oud – *Al Dwalend, Verzamelde gedichten*, Nijgh & Van Ditmar, Amsterdam 1988

Hendrik Snakenburg, Vermaak van het meeuwen schieten bij buiig weer aan zee – *Poëzy*, Samuel Luchtmans en Zoonen, Leiden 1753

Eric van der Steen, Duinwandeling – *Controversen, Gedichten 1932–1958*, Querido, Amsterdam 1976

Toon Tellegen, Dat ben ik, die jongen… – *Gedichten 1977–1999*, Querido, Amsterdam 2000

Hans Tentije, Binnenduins – *Als het ware*, De Harmonie, Amsterdam 2010

—, Petten-de ECN-centrale – *Deze Oogopslag*, De Harmonie, Amsterdam 2004

—, Schoorl – De Kerf – *Deze oogopslag*, idem

Willem Thies, Strand – *Twee vogels één kogel*, Podium, Amsterdam 2012

M. Vasalis, Van hoofd naar schouder loopt de stille bocht… – *Vergezichten en gezichten, Verzamelde gedichten*, Van Oorschot, Amsterdam 2006

Albert Verwey, Baders hartewens – *Oorspronkelijk dichtwerk, deel I, 1882–1914*, Querido, Amsterdam, Mees, Santpoort 1938

—, De zee. De slankheid van de naakte lijven… – *Oorspronkelijk dichtwerk, deel II, 1914–1937*, idem

—, Het duinbos – *Oorspronkelijk dichtwerk, deel I*

—, Hier in een groenen kuil lig ik geborgen… – *Oorspronkelijk dichtwerk, deel I*

—, In 't duindal waar de kronkelpaden kruisen… – *Oorspronkelijk dichtwerk, deel I*

—, Netten boeten – *Dichtspel. Oorspronkelijke en vertaalde gedichten*, De Arbeiderspers, Amsterdam 1983

—, Op de Hil – *Oorspronkelijk dichtwerk, deel I*

Simon Vestdijk, Onverwacht landschap – *Landschappen bij Waalsdorp, Nagelaten Gedichten*, De Bezige Bij, Amsterdam 1986

Elly de Waard, De wind dartelde af en aan… – *Een wildernis van verbindingen*, De Harmonie, Amsterdam 1986

—, Gesnoerd haar middel… – *Als ik niet aan je denk of raak*, De Harmonie, Amsterdam 2002

—, Zeereep – *In het halogeen*, De Harmonie, Amsterdam 2009

Hans Warren, Zandblauwtje – *Tijd*, Bert Bakker, Amsterdam 1986

Menno Wigman, Onder de reactor – *Mijn naam is Legioen*, Prometheus, Amsterdam 2012

Jacob Winkler Prins, Popel-eiland – *Gedichten*, Nederlandsche Bibliotheek, Amsterdam 1910

—, Wij tweeën – *Gedichten*, idem

Karel van de Woestijne, Hier, waar het gieren zwiert, ter glinster-klare hillen… – *Verzameld Dichtwerk I*, Lannoo, Tielt 2007

Jan Wolkers, De duinen – In: Dirk Kroon (red.), *Dat schitterende water*, BZZTÔH, 's-Gravenhage 1996

Ben Zwaal, het geniep is grandioos open en aan alle kanten blaast hier wind de appels… – *Een drifter*, Querido, Amsterdam 2004

Joost Zwagerman, Terug naar de kust – *Bekentenissen van de pseudomaan*, De Arbeiderspers, Amsterdam 2001

DUINGEZICHTEN

Anonieme kunstenaar, *Duingenoegens* (Titelprent van *Haerlemsche Duyn-Vreucht* enz., Haarlem (C.P. van Wesbusch) 1636). [p. 242] Den Haag, Koninklijke Bibliotheek, inv.nr. 1 C 17

Arntz, Gerd, *Vlag op duin*, 1929. [achterzijde omslag] Gemeentemuseum, Den Haag, objectnr. 1013058

Beerstraten, Jan Abrahamsz, *Egmond aan Zee van de zeekant gezien*, 1660–1663. [**67**] Parijs, Fondation Custodia, Collection Frits Lugt, inv.nr. 694

Benner, Gerrit, *Zee en duinen*, 1960. [**7**] Heerenveen, Museum Belvédère, inv.nr. 0582

Beresteyn, Claes van, *Eikenbosje met een rustende man*, ca. 1655. [**95**] Amsterdam, Rijksmuseum, inv.nr. RP-P-BI-1061

Bettenhausen, Wim, *Het Zwarte Pad over de duinen bij Scheveningen*, 1976. [**76**] Haags Gemeentearchief, inv.nr. gr. B 1428

Bleker, Gerrit Claesz, *Duinlandschap met hertenjacht*, ca. 1628. [**77**] Haarlem, Frans Hals Museum, inv.nr. OS-I-660. Foto: Tom Haartsen

Bloemaert, Frederick naar Abraham Bloemaert, *Konijnen*, 1635–1670. [**34**] Amsterdam, Rijksmuseum, inv.nr. RP-P-BI-1500

Bois, Guillaume du, *Duinlandschap bij avond*, 1649. [**45**] Den Haag, Mauritshuis, inv.nr. 799

Borselen, Jan Willem van, *Duinpan*, 1850-1890. [**20**] Amsterdam, Rijksmuseum, inv.nr. RP-T-1997-36

—, *Duin en wolken*, 1850–1890. [**100**] Amsterdam, Rijksmuseum, inv.nr. RP-T-1997-35

Bosboom, Johannes, *De Watertoren in de Oostduinen bij Scheveningen in aanbouw*, 1873–1874. [**66**] Den Haag, Haags Gemeentearchief, inv.nr. gr. A 97

—, *De uitspanning De Bataaf in de Scheveningse Bosjes*, 1874. [**59**] Den Haag, Haags Gemeentearchief, identificatienr. kl. A 732

Breitner, George Hendrik, *Bij Dekkersduin, Den Haag*, 1885. [**43**] Amsterdam, Rijksmuseum, inv. nr. SK-A-3530, Legaat van mevrouw M.C.J. Breitner-Jordan, Zeist

Brusselmans, Jean, *Duinen*, 1937. [**6**] Heerenveen, Museum Belvédère, inv.nr.0094

Chabot, Hendrik, *Zee*, 1933. [**99**] Particuliere verzameling, via bemiddeling van het Chabot Museum

Colenbrander, Theo, *Ontwerp met groep tulpen*, 1917. [**97**] Amsterdam, Rijksmuseum, inv.nr. RP-T-1978-93(R)

Dam van Isselt, Lucie van, *Het graf van P.C. Boutens op Eik en Duinen*, 1943. [**93**] Den Haag, Haags Gemeentearchief, inv.nr. kl A 396

Donker, Charles, *Struiken in de wind op Terschelling*, 1976. [**41**] Collectie kunstenaar, afbeelding RKD

Doornik, Joost, *De Coepelduinen bij Katwijk aan Zee*, 2010. [**50**] Katwijk, Katwijks Museum, Collectie Stichting Kunstvereeniging Katwijk

Draijer, Rein, *Duinlandschap* (ontwerptekening voor een zomerpostzegel), 1980. [**75**] Den Haag, Museum voor Communicatie, inv.nr. 57791

Fargue, Paulus Constantijn la, *Gezicht in de duinen bij*, 1767. [**58**] Den Haag, Haags Gemeentearchief, inv.nr. kl. A 3356

Fernhout, Edgar, *Duinlandschap met gezicht op Alkmaar*, 1956. [**49**] Alkmaar, Stedelijk Museum Alkmaar, inv.nr. 020943

Gelder, Dirk van, *Duinvruchten* (distel, duindoorn en rozenbottel), 1929. [p. 254] Amsterdam, Rijksmuseum, inv.nr. RP-P-1931-1268

Gheyn II, Jacob de, *Twee braamstruiken*, ca. 1620. [**33**] Amsterdam, Rijksmuseum, inv.nr. RP-T-1952-6

Gogh, Vincent van, *Aardappelveld achter de duinen*, juli 1883. [**64**] Otterlo, Kröller-Müller Museum, inv.nr. KM 126.681

Goyen, Jan van, *Rustende reizigers op een duintop*, 163(1). [p. 238] Particuliere verzameling via kunsthandel Hoogsteder & Hoogsteder, Den Haag

Graadt van Roggen, Job, *Gezicht op Alkmaar*, 1913. [p. 252] Amsterdam, Particuliere verzameling

Graadt van Roggen, Job, *Duingezicht*, 1918. [78] Bergen, NHKC Noord-Hollands Kunst Centrum, inv.nr. 00270

Hackaert, Jan, *Duinlandschap bij Haarlem*, ca. 1650-1660. [**96**] Amsterdam, Rijksmuseum, inv. nr. RP-P-OB-12.536

Hansen, Carel Lodewijk, *De ruïne van Eyk en Duinen*, 1793. [p. 249] Den Haag, Haags Gemeentearchief, inv.nr. inv.nr. kl. A 1396

Hart Nibbrig, Ferdinand, *Duin en zee te Zoutelande*, ca. 1910. [83] Laren, Singer Laren, inv.nr. 99-5-1

—, *Gezicht op Zoutelande*, 1912. [1] Amsterdam, Rijksmuseum, inv.nr. SK-A-2540, Schenking van B. Hart Nibbrig, Hilversum

Hendriks, Arend, *Doodskop tussen bloemen*, ca. 1940. [**92**] Amsterdam, Rijksmuseum, inv.nr. RP-P-1942-254

Heyden, Jan van der, *Het landgoed Elswout te Overveen*, ca. 1660. [p. 241] Haarlem, Frans Hals Museum. Foto: Tom Haartsen.

Hoynck van Papendrecht, Carel Nicolaas, *Een duinpan bij Waalsdorp*, 1911. [15] Den Haag, Haags Gemeentearchief, inv.nr. kl. A 876

—, *"Tusschen Bloemendaal en IJmuiden"*, sept. 1891. [28] Amsterdam, Rijksmuseum, inv.nr. RP-T-1948-690 (R)

Humalda van Eysinga, Ayzo Epeus van, *Duinlandschap bij de zee*, 1934. [30] Laren, Singer Laren, inv.nr. 80-9-3

Hussem, Willem, *Compositie met blauw*, olieverf op doek, 1964. [**42**] Particuliere verzameling, met dank aan Kunsthandel Mark Smit

Ikelaar, Jan Gerrit, *Twee meeuwen boven 't duin*, ca. 1975. [35] Amsterdam, Stedelijk Museum, inv. nr. A 36208

Israëls, Jozef, *In de duinen bij ondergaande zon*, ca. 1880-1900 [**48**]: Enschedé, Rijksmuseum Twenthe, inv.nr. 858; foto R. Klein Gotink

—, *Schilder in een tulpenveld*, ca. 1880-1900. [**60**] Amsterdam, Rijksmuseum, inv.nr. RP-T-1980-144(R)

Jong, Germ de, *Winter in de duinen van Schoorl*, 1941. [53] Bergen, Culturele Buitenplaats Kranenburgh, inv.nr. 00749

Jordens, Jan Gerrit, *Schiermonnikoog met Opduin*, 1957. [p. 255] Groningen, Groninger Museum, inv. nr. 1979.0382

Kaemmerer, Frederik Hendrik, *De nieuwe boulevard bij Scheveningen*, ca. 1870. [p. 251] Den Haag, Haags Historisch Museum, inv.nr. 1942-0010-SCH

Karsen, Eduard, *Uitzicht uit het huis van Verwey op Noordwijk*, 1890-1895. [**46**] Utrecht, Centraal Museum, inv.nr. 21786

Kasteele, Elisabeth Geertruida van de, *Aardbei*, 1700-1800. [**32**] Amsterdam, Rijksmuseum, inv. nr. RP-T-1951-204

Kleima, Ekke Abel, *Duinlandschap op Texel*, 1939. [87] Groningen, Groninger Museum, inv.nr. 1983.0078

Kooi, Jan van der, *Zandafgraving*, 1996. [**21**] collectie kunstenaar

Koster, Antonie Louis, *Bloembollenvelden*, ca. 1900-1920. [**61**] Particuliere verzameling, via bemiddeling van kunsthandel Simonis & Buunk, Ede

Kuijten, Harrie, *Strand met strandkorven*, 1915. [**86**] Laren, Singer Laren, inv.nr. 14-3-64, schenking Renée Smithuis

—, *Strand bij Bergen aan Zee*, ca. 1930. [**94**] Particuliere collectie

—, *Lezende vrouw*, ca. 1930? [**89**] Kunsthandel van Welsenes, Bergen

Lebeau, Chris, *Duinlandschap*, 1900-1910. [**80**] Haarlem, Frans Hals Museum, inv.nr. MSCH 84-11. Foto Arend Velsink.

Looy, Jac van, *De aanleg van het Noordzeekanaal*, 1870-1875. [**72**] Haarlem, Noord-Hollands Archief, collectie Provinciale Atlas, aanvraagnummer NL-HlmNHA_480_047577

Mankes, Jan, *Het strand bij Scheveningen in de ochtend*, november/december 1915. [**26**] Haags Historisch Museum, inv.nr. 1919-0006-SCH

Meeuws, Titus, *De watertoren te Monster,* 2011. [65] Particuliere verzameling via bemiddeling van Kunstzaal Van Heijningen, Den Haag

Mesdag-Van Houten, Sientje, *Duinlandschap met schuurtje,* 1880-1900. [51] Den Haag, Collectie Panorama Mesdag, inv.nr. 00156

—, *Zandverstuiving / Duinlandschap,* 1880-1900. [98] Den Haag, Collectie Panorama Mesdag

—, *In de duinen,* 1880-1900. [54] Den Haag, De Mesdag Collectie, inv.nr. hwm245

Molijn, Pieter de, *Kale duinen,* 1634. [11] Rijksmuseum Twenthe, inv.nr. 540. Foto R. Klein Gotink

Mondriaan, Piet, *Duin IV,* 1909. [90] Den Haag, Gemeentemuseum Den Haag, inv.nr. 0334302 SCH-1971-0144

—, *Duin V,* 1909-1910. [12] Den Haag, Gemeentemuseum, objectnr. 0333338

—, *Vuurtoren bij Westkapelle,* 1909-1910. [69] Den Haag, Gemeentemuseum Den Haag, objectnr. 0334300

Nab, Dirck, *Zomer* (in de duinen bij Bakkum), 2012/2013. [52] Collectie kunstenaar

—, *Bij IJmuiden,* 6 maart 2013. [13] Collectie kunstenaar

—, *Wijk aan Zee* (de Hoogovens gezien vanaf het duin), 27 mei 2013. [74] Collectie kunstenaar

Neumann, Emil, *Duintop* (bij Scheveningen of Katwijk), ca. 1884. [19] Parijs, Fondation Custodia, Collection Frits Lugt, inv. 2015-S.4

Permeke, Constant, *Duinlandschap,* ca. 1910-1912. [23] Laren, Singer Laren, inv.nr. 95-11-108, schenking Groeneveld-Woerlee 1993

Post, Pieter, *Duinlandschap met een hooischelf,* ca. 1633. [44] Den Haag, Mauritshuis, inv.nr. 970, Verworven door de Stichting Vrienden van het Mauritshuis, 1975

Rademaker, Abraham, naar Constantijn Huygens Jr, *Panorama vanaf de toren van de Grote of St. Jacobskerk in Den Haag,* 1720. [5] Den Haag, Haags Gemeentearchief, inv.nr. gr. A 816

Roelofs, Willem, *'Dekkers Duin',* 1839. [29] Den Haag, Gemeentemuseum Den Haag, objectnr. 0632142

—, *Duinlandschap in somber weer,* 1845. [47] Amsterdam, Rijksmuseum, inv.nr. RP-T-1974-30

Ruisdael, Jacob van, *Weg door de duinen,* 1648. [p. 239] Haarlem, Frans Hals Museum, langdurig bruikleen van een particulier, inv.nr. OS 2002-62

—, *Duinlandschap met een ruiter,* ca. 1650-1657. [3] Haarlem, Frans Hals Museum, inv.nr. OS-I-299; aangekocht met steun van de Vereniging Rembrandt. Foto Margareta Svensson

—, *Gezicht op Haarlem,* 1670-1675. [9] Den Haag, Mauritshuis, inv.nr. 155

Rysselberghe, Théo van, *Duinen,* 1900. [18] Otterlo, Kröller-Müller Museum, inv.nr. KM 103.684

Sadée, Philip, *Scheveningse vrouwen bij het nalezen van een aardappelveld,* 1874. [55] Amsterdam, Rijksmuseum, inv.nr. SK-A-1167

Schelfhout, Andreas, *Een vuurtoren en vissers-woningen in de duinen,* 1849. [4] Enschedé, Rijksmuseum Twenthe, bruikleen Amsterdam Museum, inv.nr. BR 1639. Foto R. Klein Gotink

—, *De stranding van een schip bij Scheveningen,* 1837. [40] Amsterdam, Amsterdam Museum, inv.nr. SA 179

Schumacher, Wim, *Liggend naakt in de duinen,* 1935. [88] Dordrecht, Dordrechts Museum, inv. nr. DM-976-510

—, *Duingrond,* 1936. [27] Arnhem, Museum Arnhem, inv.nr. GM 07786. Foto Peter Cox

Smet, Gustave De, *Landschap bij Bergen,* 1916. [frontispice van dit boek] Bergen, Cultureel Centrum Kranenburgh, inv.nr. 01168

Snijder, Jonas, *Zonder titel* (Ameland), 2010. [91] Collectie kunstenaar

Spinhoven, Kris, *IJmuiden gezien uit Bakkum,* 2013. [71] In bezit kunstenaar, via bemiddeling van Kunstzaal Van Heijningen, Den Haag

Storm van 's Gravesande, Carel Nicolaas, *Netten drogen in de duinen,* ca. 1900. [62] Amsterdam, Rijksmuseum, RP-P-1902-A-22758, Schenking van jhr. C.N. Storm van 's-Gravesande, 1902

Thier, Barend Hendrik (toeschr.), *Studie van zandgrond*, ca. 1800. [17] Amsterdam, Rijksmuseum, inv.nr. RP-T-1960-12 (R)

Tholen, Willem Bastiaan, *Afgraving*, olieverfschets, ca. 1890. [79] Particuliere verzameling via kunsthandel Hoogsteder & Hoogsteder, Den Haag

Tolman, Ronald, *"Riet", Terschelling*, 1971. [39] Leiden, Museum De Lakenhal, inv.nr. S 1537.1

Toorop, Charley, *Vuurtoren bij avond (Oostvoorne)*, 1915. [68] Otterlo, Kröller-Müller Museum, inv. nr. KM 106.827

Toorop, Jan, *Duin en zee (O. wind met vorst)*, 1899. [14] Groningen, Groninger Museum, inv.nr. 1969. 0066

—, *Nettenboetsters*, 1899. [63] Amsterdam, Rijksmuseum, cat.nr. RP-P-1970-16

—, *In de duinen bij Noordwijk*, 1902. [85] Amsterdam, Rijksmuseum, inv.nr. RP-T-1943-96

Velde, Jan van de, *Boerderijen aan de duinzoom*, 1615-1630. [57] Parijs, Fondation Custodia, Collection Frits Lugt, inv. 6567

Veldheer, Jacobus Gerardus Veldheer, *De Hondsbossche Zeewering*, ca. 1900. [70] Amsterdam, Rijksmuseum, inv.nr. RP-T-1903-A-4748

Veldhoen, Aat, *Brokstukken van bunkers op het strand bij Bergen aan Zee*, 1956. [25] Amsterdam, Rijksmuseum, inv.nr. RP-P-2010-221-185, Overdracht van het Instituut Collectie Nederland

—, *Bunkers in de duinen bij Bergen aan Zee*, 1956. [73] Amsterdam, Rijksmuseum, inv.nr. RP-P-2010-221-216, Overdracht van het Instituut Collectie Nederland

Verveer, Salomon, *Gezicht op Scheveningen*, 1872. [p. 251] Den Haag, Haags Historisch Museum, inv.nr. 1872-0003-SCH

Visscher, Claes Jansz, *Blekerij buiten Haarlem*, 1607. [56] Haarlem, Noord-Hollands Archief, collectie Kennemer Atlas, aanvraagnummer NL-HlmNHA_53004302_K

—, *Plaijsante plaets aen de duyn kant*, 1611/1612. [p. 238] Amsterdam, Rijksmuseum, inv.nr. RP-P-1879-A-3471

Waterloo, Anthonie, *Gezicht op Haarlem*, 1650-1670. [10] Haarlem, Noord-Hollands Archief, collectie Kennemer Atlas, aanvraagnummer NL-HlmNHA_53000598

Weissenbruch, Johan Hendrik, *Duinlandschap*, 1880-1900. [2] Amsterdam, Rijksmuseum, SK-A-2439, Schenking van de heer en mevrouw Drucker-Fraser, Montreux

—, *Duingezicht*, ca. 1900. [37] Amsterdam, particuliere verzameling

Wenckebach, Willem, *Duinlandschap*, ca. 1900. [36] Verblijfplaats onbekend

Wiegers, Jan, *Schiermonnikoog*, 1957. [84] Groningen, Groninger Museum, inv.nr. 1992.0187

—, *Duinlandschap*, 1953. [24] Den Haag, Gemeentemuseum Den Haag, objectnr. 0513113

—, *Kooiboerderij met duinen*, 1958. [8] Groninger Museum (bruikleen van de Stichting De Ploeg), inv.nr. 1992.0276

Wolkers, Jan, *Duin*, 1992. [16] Galerie Herman Bakker, Den Hoorn

Wouwerman, Jan, *Duinlandschap met een rustende reiziger en een reiskoets*, 1660-1670. [p. 240] Amsterdam, Kunsthandel P. de Boer

Zandvliet, Robert, *Zonder titel*, 1999. [82] Met dank aan Galerie Onrust. Foto Jaring Lokhorst, Amsterdam

Zikken, Gineke, *Westduinen, Den Haag*, 2013. [81] Collectie Maarten van der Schaft

Zwart, Willem de, *Duinen bij Wassenaar*, ca. 1900. [22] Particuliere verzameling via kunsthandel Hoogsteder & Hoogsteder, Den Haag

Dank

DANK zijn de drie samenstellers allereerst verschuldigd aan Uitgeverij THOTH. In een vroeg stadium, toen de besprekingen over een expositie in het Haags Historisch Museum nog niet beklonken waren, stelde Kees van den Hoek zich achter het boek. Hij bleef erbij, ook toen een deel van de verwachte subsidies uitbleef, en heeft nooit moeilijk gedaan over de omvang, de vereiste kwaliteit van het papier, en last but not least die van de vormgeving.

Dank zijn de samenstellers ook verschuldigd aan het leger van dichters en uitgevers dat toestemming gaf. Evenals aan de kunstenaars, de musea, de verzamelaars, de kunsthandels en galeries die hun medewerking gaven aan het reproduceren van de vele beeldende kunst in dit boek.

Dat deze uitgave, zonder een catalogus te zijn, toch in nauw verband staat met de gelijktijdige tentoonstelling in het Haags Historisch Museum, ook daarvoor zijn wij erkentelijk. Het museum heeft met man en macht gewerkt aan het verkrijgen van de gevraagde afbeeldingen en de toestemming tot reproductie. Het Letterkundig Museum zijn wij dankbaar voor de administratieve steun die het verleende bij het verkrijgen van de vele benodigde toestemmingen. En dat, tot slot, Poetry International bereid was om een presentatie te wijden aan een aantal van onze levende duindichters, stemt dankbaar.